U0461558

《泺源新刊》的出版与传播研究

《LUOYUAN XINKAN》DE CHUBAN YU CHUANBO YANJIU

杨中举　卢媛媛　◎著

知识产权出版社
全国百佳图书出版单位
—北京—

图书在版编目（CIP）数据

《泺源新刊》的出版与传播研究 / 杨中举，卢媛媛著. —北京：知识产权
出版社，2025.5. — ISBN 978-7-5130-9984-4

Ⅰ. G239.296

中国国家版本馆CIP数据核字第2025QN0948号

内容提要

本书从出版学和传播学的视角，深入探讨了《泺源新刊》作为新文化运动中的重要
文化载体，在山东济南地区的出版与传播过程。本书详细分析了《泺源新刊》的出版背
景、创办宗旨及其在特定历史环境中的传播路径，重点考察了该刊物在五四运动背景下
的出版学意义及其社会影响力；通过对刊物版面、栏目设置等具体内容进行分析，揭示
了《泺源新刊》如何利用当时的出版资源和传播手段，打破传统文化的束缚，实现思想
启蒙和文化变革。

本书不仅为出版学领域的研究提供了丰富的案例，也为了解中国现代化进程中的文
化传播提供了出版学视角和实践经验。

责任编辑：刘晓庆　　　　　　　　　**责任印制：孙婷婷**

《泺源新刊》的出版与传播研究
《LUOYUAN XINKAN》DE CHUBAN YU CHUANBO YANJIU

杨中举　卢媛媛　著

出版发行：知识产权出版社 有限责任公司	网　址：http://www.ipph.cn		
电　话：010-82004826	http://www.laichushu.com		
社　址：北京市海淀区气象路50号院	邮　编：100081		
责编电话：010-82000860转8597	责编邮箱：luyuanyuan@cnipr.com		
发行电话：010-82000860转8101	发行传真：010-82000893		
印　刷：北京中献拓方科技发展有限公司	经　销：新华书店、各大网上书店及相关专业书店		
开　本：720mm×1000mm 1/16	印　张：14.25		
版　次：2025年5月第1版	印　次：2025年5月第1次印刷		
字　数：167千字	定　价：88.00元		

ISBN 978-7-5130-9984-4

出版权专有　侵权必究

如有印装质量问题，本社负责调换。

前　言

　　本书立足于出版学和传播学的视角，深入研究了《洑源新刊》在新文化运动中的出版过程及其传播影响。通过对该刊物的出版背景、创刊机制、出版形式和传播策略的分析，本书全面探讨了《洑源新刊》如何在特定的历史条件下，以其独特的出版手段成为新文化思想的传播平台。书中详细研究了刊物的创办与出版过程、具体的内容与栏目设置，揭示了地方出版物如何在五四运动的背景下，借助有限的出版资源有效地推广现代思想，推动社会文化变革。

　　本书在出版学研究方面具有独特价值。它不仅关注《洑源新刊》的内容和社会作用，还深入分析了该刊物的出版与传播形式与当时出版业发展趋势和技术手段的关系，探讨了地方性出版物如何通过创新的传播方式克服时代和地域限制，扩大其思想影响力。通过对《洑源新刊》在出版学和传播学层面的细致剖析，本书为研究新文化运动中的地方出版物提供了重要的理论支持，也为中国现代出版学研究提供了宝贵的历史案例和实践经验。全书共分为八章，涵盖了从创刊背景到传播效果的全面分析。

　　绪论部分概述了相关研究，并指出了本书的研究价值与意义。绪论通过对理论价值和现实意义的阐述，强调了《浲源新刊》在推动社会现代化、促进思想解放中的独特地位。此外，研究的创新之处和方法也在绪论中进行了充分说明。作者通过文献分析、历史考察，结合传播学理论，全面呈现了该刊物的出版与传播路径。

　　第一章深入分析了近代济南的社会政治环境。通过对济南城市化进程、旧有势力的崩塌及外部帝国主义压力的描述，本章展现了《浲源新刊》诞生的历史背景。此外，本章还探讨了新文化运动对山东地区的影响，揭示了这一思想浪潮如何在济南得到了积极响应，为刊物的创立提供了文化土壤。

　　第二章聚焦20世纪初济南出版业的发展状况，详细阐述了济南出版机构的背景、发展条件及其特点，并对当时济南报刊业的繁荣与变革进行了系统梳理，揭示了济南出版业在社会影响力和文化传播方面的迅猛发展。

　　第三章探讨了《浲源新刊》创立的直接原因，特别是五四运动在山东的爆发及其对济南学界的影响。本章分析了山东知识分子如何响应五四运动及济南高校学生的积极参与；同时，讨论了大批进步刊物的创立对《浲源新刊》的启发与推动，揭示了济南学界在刊物创立中的贡献与作用。

　　第四章详细介绍了《浲源新刊》的创立过程，分析了其出版概况、办刊方向、特色和栏目设置。通过对刊物内容的细致分析，本章全面呈现了《浲源新刊》如何通过精心设计的栏目与内容、传播新文化思想，推动社会变革。

第五章通过对《泺源新刊》版面与内容的详细解析，揭示了刊物的版面设计、办刊宗旨、投稿要求及出版周期等方面内容。本章重点分析了《泺源新刊》第二期的专栏设置，包括"焦点报道""政论教育""文学创作"等栏目，展示了刊物在思想传播和文化推广上的多样性与深度。

第六章从视觉设计与印刷工艺的角度，评析了《泺源新刊》在出版过程中的创新与实践。本章探讨了该刊物如何在视觉设计上平衡形式与功能，创新地运用了艺术化文字设计、简洁的版式及装帧艺术，为其传播新文化、推动社会变革提供了有力支持。

第七章基于传播学理论，分析了《泺源新刊》的出版与传播路径。通过应用两步流理论，本章揭示了刊物如何在济南及周边地区传播新文化思想，以及影响社会大众的思想意识。

第八章总结了《泺源新刊》的历史意义与现代启示。通过分析其对山东文化和教育的历史贡献，本章指出了刊物在思想启蒙、社会关怀及推动社会行动中的重要作用。本章还讨论了刊物的局限性及其发展空间，为后续的研究提供了宝贵的启示。通过对《泺源新刊》传播内容、传播手段和社会影响的详细分析，书中揭示了刊物在地方化与大众化结合的传播模式下，如何有效地推动了思想解放，并且在社会文化的进步中发挥关键作用。

全书对《泺源新刊》出版与传播进行了多维度分析，不仅停留在其表面的出版内容和形式，还注重深入探讨其背后的文化意义和历史价值。通过将出版学与文化学、历史学、传播学的理论视角结合，本书系统地呈现了《泺源新刊》如何在中国近现代历史中占据一席之地，如何利用刊物这一媒介，推动济南乃至山东地区的社会思想解放。

本书共18万字。绪论部分及第一章、第三章、第七章和第八章由杨中举撰写，约11万字。第二章、第四章和第六章由卢媛媛撰写，约7万字。由于著者水平有限，书中难免存在不足之处，恳请广大读者批评指正。

| 目 录 |

绪 论 |

在人类的历史中,有许多关键性时刻。在中国近代史上,五四运动无疑就是这种关键性时刻之一。1919年5月4日,"巴黎和会上中国外交失败"消息传来,举国震怒。北京学生在天安门组织示威游行,进而引发了"火烧赵家楼""暴打章宗祥"等事件。事后,北洋政府选择逮捕示威游行的学生,全国各地人民纷纷选择罢课、罢工、罢市以声援学生。随即,"五四"之火蔓延到全国。

山东问题是巴黎和会上中方代表团据理力争的根本。作为风暴中心的山东对于五四运动持怎样的态度?在五四运动中,山东参与的群众众多,遍及全省各地,五四运动又是如何在山东传播兴起的?其中哪一种媒介起到了最关键的传播作用?哪些群体在新思想、新文化的传播中发挥了重要作用?五四运动对于山东的影响是什么?这些问题都能通过《洣源新刊》的创办、出版及传播去参详感悟。

《洣源新刊》是1920年10月1日创办的进步刊物,其主办单位是山东省立第一师范学校学生自治会。该刊以介绍新书刊、宣传新思想、揭露社会陋习、批评旧教育、倡导教育改革为宗旨,王尽美、邓恩铭等都曾在该刊发表过重要文章。

作为新文化运动时期中国重要的地方性刊物,《洣源新刊》在历史的长河中为山东地区及整个中国社会的文化、教育与思想革命提供了重要的载体。它的出现有其历史必然性,是我国出版业发展到一定程度的特定产物。作为文化传播的媒介,《洣源新刊》不仅在新文化运动的风起云涌中承担了知识启蒙的责任,更在与多种社会力量的互动中,体现了地方性文化刊物如何在局部历史语境下实现跨越时代的传播功能。对《洣源新刊》的出版与传播进行深入研究,不仅能帮助我们更好地理解这一刊物的历史地位,也能为分析媒介在社会文化变革中所起的作用提供丰富的实证材料。

在《泺源新刊》的出版和传播中，先进知识分子积极发挥作用。他们大声疾呼，团结一切可以团结的力量，凝聚了同胞意志，振奋了民族精神，为开创新时代贡献出了自己的力量。这对于我们今天的出版业都有榜样和启示作用。一份主要由学生创办、编辑的小报，却在与封建势力和旧观念的战役中发挥了巨大的作用。那些激动人心的文字，在相隔一个多世纪之后，依然熠熠生辉，鼓舞着后来人。这既是对"出版"这一行业历史责任的生动写照，也是对后进者的有力召唤。

希望对《泺源新刊》的出版与传播进行深入研究，能为出版业在塑造社会主义核心价值观与实现中华民族伟大复兴中发挥更大作用提供思考与借鉴。

第一节　研究概述

　　《洙源新刊》是20世纪20年代初在中国新文化运动背景下诞生的一份重要刊物，具体创办时间为1920年10月1日，由山东省立第一师范学校（今山东师范大学前身）的一批进步师生发起。这份刊物的创办人包括当时的校长、知名学者及一些热心于新文化运动的知识分子，其主力是进步青年学生。他们共同致力于推动新思想的传播和文化的进步。

　　《洙源新刊》的创刊理念深受五四新文化运动的影响，主张科学、民主、自由的思想，反对封建主义和传统文化的束缚。刊物旨在通过传播新文化、新思想来启发民智、推动社会进步。它不仅是一个学术讨论的平台，更是一个思想启蒙的阵地，致力于全面展示新文化的内涵和魅力，促进社会思想的更新和文化的转型。

　　刊物内容广泛，涉及政治、经济、文化、教育和文学等多个领域，力图通过多角度的讨论和深入的分析，引导读者思考国家和民族的未来。《洙源新刊》特别强调文学创作的自由和创新，鼓励作家和知识分子用白话文进行创作，表达真实的情感和思想，这在当时是对中国传统文化中"文以载道"观念的一种继承和革新。

　　《洺源新刊》的创办，体现了济南乃至山东地区知识分子对新文化运动的积极响应和参与。它不仅是新文化运动在地方层面的实践，也是中国社会现代化进程中的一个重要标志。通过这份刊物，新文化的理念在更广泛的社会层面得到传播，对当时的文化变革和社会进步产生了深远的影响。《洺源新刊》的创办和运作，展现了20世纪中国知识分子的责任感和使命感，他们通过自己的努力，为中国社会的现代化和文化的更新贡献了力量。

　　本书通过对1920年山东省立第一师范学校创办《洺源新刊》的相关文献资料进行梳理，丰富了近代济南史的研究，同时也拓宽了地方出版史的研究视角和范围，以达到为当前的出版史提供历史经验的目的。从传播学的角度研究《洺源新刊》，也有助于我们深入理解五四时期文化思想的传播媒介和效果，并为今天的内容创作和传播策略提供有益的启示。

第二节　研究价值及意义

　　《洙源新刊》作为新文化运动时期济南地区重要的文化刊物之一，它不仅是当时思想解放和社会变革的见证，更是山东省立第一师范学校文化气息和思想潮流的直接体现。自20世纪20年代创办以来，《洙源新刊》在文化传播、思想启蒙和学术推动方面都发挥了不可忽视的作用。尤其在济南这样一个历史悠久、文化底蕴深厚的城市，它代表了传统与现代、封建与民主之间激烈碰撞的文化图景。

　　《洙源新刊》的研究不仅是对一个历史时期的审视，更是对中国近现代文化变革的深刻探讨。通过对该刊物出版与传播的深入分析，可以揭示新文化运动如何通过具体的地方性出版物影响更广泛的社会群体，从而推动社会、文化及思想的转型。在济南这座文化名城，《洙源新刊》不仅反映了时代的脉搏，还承载了新文化思想在地方落地生根的实践过程。因此，研究《洙源新刊》的出版与传播，不仅有助于我们理解济南在新文化运动中的历史地位，也为深入探讨地方文化与全国性文化变革的互动提供了新颖的视角。

　　近代出版史在近代中国社会发展的整个历程中占据着重要地位。以古为镜，可以知兴替。研究《洣源新刊》的出版及传播，不仅有学术意义，还可以为现实提供借鉴。

一、理论价值

随着后现代思想的传播，过去注重宏大叙述的研究范式正被逐渐打破，注重微观、细节和意义的各类研究正在日益成为主流，传统史学市场逐渐让位于现代新史学。❶

研究《洣源新刊》的出版与传播具有重要的理论价值，主要体现在以下几个方面。

1. 理解新文化运动的地方实践

《洣源新刊》作为五四新文化运动时期的地方性刊物，其出版与传播的研究有助于深化我们对新文化运动在地方层面实践的理解。通过分析《洣源新刊》的内容和影响，可以揭示新文化运动如何从中心城市向地方扩散，以及地方知识分子如何响应和参与这一运动，从而加深我们对新文化运动整体历史进程的理解。

2. 探索文化传播的机制

研究《洣源新刊》的传播过程，可以探索文化传播的机制和路径。《洣源新刊》的传播不仅涉及物理层面的发行，还包括思想和文化的交流。通过研究其传播网络、受众群体和影响力，可以更好地理解文化传播的复杂性和动态性，为文化传播理论提供实证研究案例。

---

❶ 吴昌磊. 教育活动史视域下南宋蒙学教育研究［D］. 上海：上海师范大学，2018.

3．分析媒体与社会变革的关系

《洑源新刊》的出版与传播是媒体与社会变革相互作用的典型案例。研究其在推动社会变革、传播新思想方面的作用，有助于深化我们对媒体在社会变革中角色的理解。这不仅对理解历史时期的媒体功能有价值，也为分析当代媒体在社会变革中的作用提供了历史参照。

4．考查知识分子的社会作用

《洑源新刊》的创办和运作涉及一批知识分子，研究其活动可以考察知识分子在社会变革中的社会作用和影响力。这有助于我们理解知识分子如何通过媒体平台参与社会事务、传播先进思想，并在社会变革中发挥引领作用。

5．丰富出版史和文化史的研究

《洑源新刊》作为特定历史时期的出版物，其研究可以加深我们对出版史和文化史的理解。通过分析《洑源新刊》的出版背景、内容特色和历史影响，可以揭示特定历史时期文化生产的特点和规律，为出版史和文化史的研究提供新的视角和材料。

6．理解地方文化与全国文化的关系

《洑源新刊》的研究有助于理解地方文化与全国文化之间的互动关系。通过分析《洑源新刊》如何将全国性新文化运动的理念与地方文化实际相结合，可以揭示地方文化在全国文化发展中的地位和作用，为理解地方与全国文化关系提供案例。

综上所述，研究《洑源新刊》的出版与传播不仅对理解特定历史时期的文化现象具有重要价值，也为文化传播、社会变革、知识分子角色等多个理论领域提供了丰富的研究素材和新的研究视角。

二、现实意义

研究《泺源新刊》的出版与传播具有深远的现实意义，这些意义不仅体现在对历史的认识和理解上，也对当代社会和文化发展有着积极的启示和影响。以下是研究《泺源新刊》出版与传播的几点现实意义。

1. 了解济南在新文化运动中的作用

济南作为新文化运动的一个重要阵地，其知识分子群体积极响应五四运动，推动文化与思想的变革。济南的知识分子群体，尤其是在山东省立第一师范学校的推动下，积极投身于五四运动，倡导科学、民主、个性解放等现代思想，推动中国社会向现代化转型。而《泺源新刊》的出版，在这一时期应运而生。它的创立和传播，是新文化思想在济南这座古老城市生根发芽的象征。《泺源新刊》作为地方刊物，承载了济南地区的新文化思想，通过其出版和传播，对济南的社会、文化与思想产生了深远影响。研究《泺源新刊》不仅有助于我们理解济南在新文化运动中的独特作用，也为我们探索地方文化如何与全国性文化变革互动提供了独特的视角。

2. 为新文化运动的研究提供具体的案例

新文化运动是一个广泛的社会变革过程，它在地方的传播和实践形式具有差异性。通过研究《泺源新刊》，我们可以更细致地了解这一文化运动在地方的实际运作，探讨它是如何通过具体的出版实践，推动思想启蒙、文化创新和社会变革的。此外，分析该刊物的传播路径、受众群体及其对地方社会的影响，能够为我们提供更多关于文化运动地方化的研究材料。

3．探讨地方出版物在文化传播中的作用

《泺源新刊》作为地方性的出版物，它的传播范围和影响力可能不及全国性的大型报刊广泛，但其在地方文化变革和思想启蒙中的作用不可小觑。地方出版物通过紧密联系当地的知识分子群体、学生群体和社会活动家，能够直接影响地方的社会变革。研究《泺源新刊》的出版与传播，有助于揭示地方性出版物在特定历史时期如何推动地方文化的现代化，并形成独特的文化传播模式。

4．探索文化变革与社会变革的关系

《泺源新刊》与济南的文化氛围密切相关，它不仅关注国内时政、教育改革和社会问题，还深入探讨文学创作与文化创新，成为济南地区学术、文化和社会思想交流的重要平台。《泺源新刊》不仅是文化传播的工具，它还参与了社会变革。通过刊物的传播，新文化思想逐步渗透到社会各个层面，促使公众对传统文化、政治制度和社会结构进行反思与重构。研究《泺源新刊》的出版与传播，能够深入探讨文化变革与社会变革之间的互动关系，揭示文化传播在推动社会转型中的关键作用。

《泺源新刊》的研究也可以为学术界提供丰富的研究材料，推动历史学、文学和传播学等多个学科的交叉研究，促进学术创新和学科发展。

5．丰富对地方文学和文化历史的理解

济南作为文化名城，历代文人都留下了大量的诗文佳作，其中包括许多描绘济南山水、人文和社会生活的经典诗篇。例如，唐朝杜甫的"海右此亭古，济南名士多"，赞美济南自古以来就是名胜之地，人才辈出。《泺源新刊》作为济南地区的重要文化产物，它反映的不仅是政治思想的传播，也在一定程度上代表了济南地方文学和文化的一个阶段性转型。通过研究《泺源新刊》的出版与传播，我们可以更全面地理解济南的文化历史及其在中国现代化过程中所扮演的角色。

6．启发现代出版业发展

《泺源新刊》的出版经验对现代出版业具有启发意义。研究其出版策略、内容创新和市场运作，可以为现代出版业提供宝贵的经验和教训。

综上所述，研究《泺源新刊》的出版与传播，不仅帮助我们更好地理解济南在新文化运动中的重要地位，也揭示了地方性出版物在文化传播中的独特作用。通过对该刊物的深入分析，我们能够更加清晰地认识新文化思想如何在地方社会落地生根，并推动社会变革与文化创新。研究《泺源新刊》的出版与传播，不仅有助于深化我们对历史的认识，也对当代社会的文化发展、教育改革、媒体素养提升等多个方面具有重要的现实意义。

第三节 研究的创新之处与研究方法

一、创新之处

本书在研究《浤源新刊》的过程中，采用了创新的研究视角和研究方式，这为我们对该刊物及其在中国近代史中所发挥的作用提供了更加丰富和独特的理解。与以往学术研究不同，本书并不局限于传统的历史文献考证，还突破了以政治史为主的研究框架，转而从出版学和传播学的角度进行多维度的探讨。

1. 研究视角的创新

以往的学术研究往往侧重于从史料文献学的角度来考证《浤源新刊》在中国近代史中的影响。许多研究者集中精力对《浤源新刊》所传播的思想内容、历史背景及与当时其他报刊的关系进行考证。这些研究无疑为我们深入了解《浤源新刊》的历史地位和思想倾向提供了独特的视角。然而，这些传统的研究视角往往局限于对文献资料的考证与分析，未能充分挖掘《浤源新刊》在当时出版界中的独特作用及其对文化变革的深远影响。

本书在此基础上进行了一次创新性的视角转变，将研究重点从单纯的史料考证转向出版学的研究范畴。出版学关注的是出版物的生产、传播与消费过程，研究的核心不仅是内容本身，更在于其生产机制、传播渠道及读者的接受与反应。因此，本书不仅关注《洮源新刊》的思想内容，还深入探讨了它作为一份地方性刊物如何通过创新的出版形式，突破传统文化的禁锢，推动社会思想的解放。通过分析《洮源新刊》的出版机制、发行网络及其在社会各阶层中的传播效果，本书揭示了该刊物在思想传播中的作用，进一步探讨了它对当时文化变革的深刻影响。

此外，出版学的视角还使研究者能够关注《洮源新刊》在出版业发展中的历史地位，尤其是在中国近代出版业和报刊业发展历史中的角色。通过出版学的分析框架，我们能够更好地理解《洮源新刊》在近代报刊产业化、商业化过程中所扮演的角色，并且看到它如何通过灵活的编辑和传播策略，推动了现代出版理念在地方社会中的普及。

2. 研究方式的创新

除了视角，本书在研究方式上也进行了大胆的创新，突破了以政治史为主的传统研究框架。传统的研究通常从政治史的角度出发，强调《洮源新刊》在五四运动、社会改革等历史大事件中的政治作用，探讨其作为思想启蒙工具在政治变革中的积极影响。这种方式虽然为理解《洮源新刊》在历史变革中的作用提供了有益的视角，但往往忽略了刊物本身作为一个信息传播工具的独特功能，以及它在文化、思想传播层面所产生的效果。

本书创新性地采用了传播学的理论框架来考察《洮源新刊》的传播特点及其效果。传播学作为一门专注于信息传播过程、传播媒介和受众反应的学科，为我们提供了新的视角。通过这一视角，本书不仅分析了《洮源新刊》的传播路径、传播手段和受众群体，还探讨了它如何通过报刊这一媒介有效地传播新文化思想，促进社会的思想解放。

首先，传播学强调信息传播的双向性和互动性。在《泺源新刊》的传播过程中，刊物并非单向地向社会发布信息，而是与受众之间形成了互动。刊物通过其编辑内容、版面设计、栏目设置等多种方式，吸引了不同社会阶层的读者，尤其是年轻一代的知识分子和学生群体。传播学的理论使我们能够理解《泺源新刊》如何在不同社会阶层之间建立信息流通，并有效传播新文化思想，尤其是在当时封闭的社会结构中如何突破了传统文化的制约，推动了思想的传播与启蒙。

其次，传播学也注重传播效果的分析。本书通过传播学的理论框架，探讨了《泺源新刊》在思想传播中的效果，尤其是对地方社会文化认同的影响。刊物不仅改变了知识分子和学生的思想观念，还通过文字和视觉的传播，推动了社会阶层的思想解放，尤其是对传统封建观念的反叛。这一研究方式能够帮助我们更全面地理解《泺源新刊》在传播过程中的双重作用：既是思想启蒙的工具，也是文化变革的推动者。

通过传播学的分析方法，本书创新性地探讨了《泺源新刊》如何在五四运动的背景下，利用报刊这一传播工具，在地方社会中实现思想的变革与创新，进而推动了整个社会的文化现代化进程。这一创新的研究方式不仅突破了传统政治史的局限，也为我们提供了更为细致和深入的分析框架。

综上所述，本书通过创新的研究视角与研究方式，对《泺源新刊》进行了全面而深入的剖析。从出版学和传播学的角度出发，研究者能够更加精准地把握该刊物在文化传播、思想解放及社会变革中的重要作用，并为今后的相关研究提供了新的方法论视角。这些创新性的研究路径，使本书在学术界中具有重要的开创性和价值。

二、研究方法

本书采用了多种研究方法，以确保对《泺源新刊》及其所处的历史背景进行全方位、多层次的分析。通过文献研究法、个案分析法和历史研究法的综合应用，本书试图还原《泺源新刊》在当时文学界、出版界的地位与影响，深入探讨其如何在中国近代出版史中发挥作用，尤其是在推动社会思想解放和文化变革方面的历史意义。

1. 文献研究法

文献研究法是本书的基础性研究方法之一。研究者通过查阅和分析大量的文献资料，特别是与《泺源新刊》相关的历史资料，来还原当时的出版和传播情况。在此过程中，除了将《泺源新刊》作为研究标本，本书还引用了诸如《大公报》《济南日报》等知名报刊的资料，以此作为佐证材料。这些报刊不仅反映了当时的社会和政治氛围，也为读者理解《泺源新刊》所处的文化环境提供了有力的支持。

此外，本书还对同为学生团体创办的《一师周刊》等报刊进行了对比分析，探讨这些刊物之间的异同及其在思想传播方面的相互影响。通过对这些报刊内容的详细梳理与分析，研究者能够揭示出不同报刊在文化传播上的特点与影响力，进一步明确《泺源新刊》在五四运动背景下的独特作用。文献研究法不仅提供了丰富的历史素材，还帮助研究者构建了一个多维度的知识框架，便于深入理解《泺源新刊》的历史背景、思想倾向及其文化意义。

2. 个案分析法

个案分析法作为本书研究的另一重要方法，尤其在《泺源新刊》的具体分析中发挥了重要作用。研究者选择了《泺源新刊》出版于1920年

10月5日的第二期作为样本，对其进行了详细的版面、栏目设置、视觉设计等方面的分析。通过对这一期刊物样本的具体分析，研究者不仅从内容上分析其思想传播的重点，还从版面设计和栏目设置等形式层面探讨刊物如何通过视觉传播来吸引读者、传递思想。

在个案分析中，研究者特别关注《洑源新刊》的编辑理念与创新设计，尤其是如何利用版式和栏目安排的结构性特点来促进新文化思想的传播。例如，刊物的版面设计如何通过现代化的排版方式提升阅读体验，栏目设置如何便于不同读者群体的理解和接受，以及是否通过视觉元素来强化其思想内容的表达等。通过这一深入的个案分析，本书力图揭示《洑源新刊》如何在形式和内容上均体现其推动思想解放、文化变革的使命。

3. 历史研究法

历史研究法通过将《洑源新刊》置于中国近代历史的框架内，探讨其与历史事件、历史背景之间的因果关系，进一步分析其在中国近代出版业及报刊业发展中的地位和作用。尽管《洑源新刊》主要由山东省立第一师范学校的进步学生创办，是一份相对较小的刊物，但它的诞生与五四运动、新文化运动等历史事件密切相关，具有极强的历史意义。

本书通过一手资料与二手资料相结合，采用时间轴的顺序分析，细致地呈现了《洑源新刊》的历史背景。研究者追溯了《洑源新刊》在五四运动后中国文化环境中的形成过程，剖析了当时文化界对新文化思想的接纳与推广的社会背景。通过这种历史视角，本书不仅将《洑源新刊》纳入中国近代出版史的整体框架中，还从历史发展的角度阐述了其在推动社会变革和思想解放中的作用。

此外，本书还从出版业发展史的角度分析《洑源新刊》的影响。自五四运动以来，中国的出版业经历了深刻的变革，报刊逐渐成为社会思想传播的重要工具。《浞源新刊》作为这一变革中的一员，借助其创新的出版形式和内容，成了思想解放与文化改革的重要载体。历史研究法帮助我们更加清晰地认识到，《浞源新刊》不仅是一份文化思想的传播工具，它还是历史过程中社会变革的推动者，是中国近代出版业在革命思想激荡中的一部分。

通过文献研究法、个案分析法和历史研究法的综合应用，本书对《浞源新刊》进行了多层次、全方位的分析，深入探讨了它如何在五四时期成为思想解放和社会变革的推动者。文献研究法为本书提供了丰富的历史背景资料，个案分析法则帮助我们理解《浞源新刊》的实际内容和设计特色，而历史研究法则从宏观的角度揭示了该刊物在中国近代出版史中的地位和作用。通过综合运用这些研究方法，本书为我们提供了对《浞源新刊》更为全面和深刻的理解，展现了它在中国文化史上的重要性与独特贡献。

第一章
《洙源新刊》创立的时代背景

　　《浍源新刊》创刊于1920年的济南，有偶然性，更多的是其历史必然性。在这一时期，历史巨变、风云激荡，人们所熟悉的旧制度开始瓦解，新的文化思想如星星之火，开始催动着社会的改变。济南的历史文化、城市发展、人才资源、社会氛围等各方面都有所准备，共同催生了这一新兴刊物的诞生。

　　济南，这座位于华北的文化名城，凭借其深厚的历史文化背景、日益发展的城市优势、丰富的人才资源及独特的社会氛围，为《浍源新刊》的诞生提供了得天独厚的条件。这些因素共同作用，催生了这一新兴刊物的诞生，使其成为新文化运动中一个重要的文化载体。

　　20世纪初，尤其是五四运动爆发前后，中国正面临着剧烈的社会与政治动荡。鸦片战争以来，民族危机、列强侵略及内政腐败让中国的传统社会制度逐渐显得不堪重负。辛亥革命虽推翻了清朝的统治，但并未能有效解决国内的社会问题，尤其是在政治体制与文化领域的改革上。民国初期的政权不稳和社会动荡，使人民对于变革的渴望愈加迫切。五四运动爆发，标志着中国思想革命的开始。这不仅是反对封建思想的运动，更是知识分子对传统文化的批判与新文化理念的呼唤，尤其是在科学、民主、自由等现代价值观的传播上，五四运动已成为推动中国社会变革的重要力量。在这一波澜壮阔的历史洪流中，《浍源新刊》的创办，不仅是一种文化出版物的产生，更在新文化思想普及过程中起到了关键推动作用。

　　济南作为山东省的省会，拥有悠久的历史文化传统，历代文人辈出。自古以来，济南便以其深厚的文化和教育底蕴著称，成为众多文化名人和学者的汇聚之地。清朝末期，济南的文化环境逐渐受到外来文化的影响，西方的现代思想开始逐步渗透到这座城市的文化氛围中。进入

20世纪，随着"文化复兴"思想的兴起，济南逐渐形成了较为浓厚的文化氛围，知识分子开始尝试突破传统束缚，积极探索更为开放和现代的社会文化模式。正是在这样深厚的文化积淀和浓烈的思想氛围中，济南的知识分子群体逐渐摆脱了封建思想的影响，拥抱现代文化的创新与发展，成为新文化运动的积极推动者和参与者。这为《泺源新刊》的诞生提供了思想上的支撑和文化基础，推动了该刊物的成功创办。

与此同时，济南在城市发展过程中，逐渐成为山东地区的政治、经济和文化中心。特别是其地理位置的优势，使济南在交通、通信和文化交流方面占据了重要地位。随着铁路的建设和城市基础设施的改善，济南成为连接东南和华北的重要枢纽，这为新文化思想的传播提供了便利的条件。济南的社会氛围也在这一时期呈现出活跃与多元的特点，民众尤其是知识分子群体在面对社会政治危机时，逐渐形成了强烈的文化自觉和社会责任感。这种社会氛围为《泺源新刊》的创办奠定了社会支持的基础，尤其是刊物的核心力量——地方知识分子，积极参与并推动着刊物内容的编辑与传播。济南的文化传统与现代化进程相结合，营造了一个可以容纳和支持新文化思想的社会氛围。

此外，济南的教育背景为《泺源新刊》的创办提供了重要的人才支持。作为山东省的教育中心，济南建立了一批知名的高等学府，如山东省立第一师范学校等，它们培养了大批具备现代化思维的青年学子。这些学子不但能够接触到最前沿的西方文化思想，也逐步形成了自己的独立思考方式。他们在学习过程中吸收了大量的新文化、新思想。特别是在教育领域的改革和社会文化的变革中，他们更是积极参与其中，成为新文化运动的重要力量。济南丰富的教育资源与培养出来的人才群体，不仅成为新文化思想传播的有力支持，也为《泺源新刊》提供了充足的创办力量。这些年轻的知识分子群体，他们思想活跃、求知欲强，具有推动社会文化变革的强烈愿望，也因此成为《洤源新刊》创办的关键推动者。

在这种历史文化背景、城市发展优势及丰富的人才资源的支持下，《洤源新刊》的创办是历史进程中的必然产物。它不仅是新文化运动的一部分，更是对当时社会变革的积极响应。《洤源新刊》以其独特的文化视野和思想立场，积极倡导科学、民主与自由的现代思想，成为新文化思想传播的重要阵地。通过在刊物上发表文章，知识分子开始向社会大众传播现代文明的理念，推动了中国社会在思想和文化上的进一步发展。

《洤源新刊》的创办，也离不开中国近代出版业的发展。

中国的出版业在清朝末期到民国初期经历了深刻的变化。在晚清，尤其是甲午战争后，西方的出版技术和思想开始逐渐传入中国，传统的手工印刷逐渐被机器印刷所取代，大幅提升了出版的效率。在五四运动后，报刊的数量急剧增加，开始广泛传播新的思想。在这一过程中，诸如《时报》《晨报》等新型媒体开始兴起，成为现代出版史上具有标志性意义的产物。五四运动爆发后，出版事业进一步焕发出活力，许多学术刊物、文化刊物纷纷诞生，标志着中国出版界的现代化进程。

在这一历史背景下，济南作为一座具有文化和学术优势的城市，开始崭露头角。在这一时期，济南的报刊和出版业虽然没有像北京和上海那样经历过早期的工业化发展阶段，但其独特的历史文化背景、教育资源和社会氛围为本地出版事业的发展提供了沃土。早期的《洤源新刊》便是在这样的背景下应运而生，成为济南乃至山东地区文化出版的一部分，并随着新文化的兴起发挥了重要作用。

总而言之，《洓源新刊》的创办是济南历史文化积淀、社会氛围、城市发展及人才资源共同作用的结果。它不仅是一个地方性文化刊物，更是时代变革中的文化标志，体现了济南在思想启蒙和社会变革中的重要作用。它的诞生标志着济南这座城市在新文化运动中的历史地位，同时也为中国社会的现代化进程贡献了重要力量。它的创办不仅与中国近现代出版史的发展息息相关，也反映了这一时期中国社会在出版、文化传播和思想启蒙方面的蓬勃发展。

第一节 历史风云的激荡与交锋

一、近代济南的区域背景：城市化快速发展

济南作为山东省的一座历史文化名城，拥有丰富的文化资源与强大的文化基因。济南的文化历史悠久，底蕴深厚，具有研究城市文化建构的价值。济南自古便是文人墨客的聚集地。唐代诗人杜甫在《陪李北海宴历下亭》中写道："海右此亭古，济南名士多。"济南的山水与诗词相辅相成，成了文人心灵的栖息地。在历史上，李清照、辛弃疾、张养浩、老舍等众多文化名人均与济南有过深厚的渊源。

济南不仅人文底蕴丰厚，而且在地理环境上也形成了别具一格的泉水文化：大明湖、趵突泉、黑虎泉等著名景点，都可以作为济南的形象名片。

而在20世纪初，济南的文化氛围与思想风暴交织在一起，成了新文化思想的沃土。在现代中国的发展史中，从农业社会向城市社会的转变是一个持续且复杂的过程。这种转型不仅标志着中国打破了长期以来的传统社会模式，而且也是推动中国社会经济发展的动力之一。

在近代历史上，城市化的进程在济南等城市悄然开启。民国时期，

山东的省级政府和济南地方政府与新兴资产阶级合作，致力于推进城市的近代化。这一进程揭示了中国近代化的早期努力。然而，回顾1949年之前的历史可以看到，针对济南的一些近代化尝试最终未能持续。尽管地方行政官员、企业家和开明绅士为城市近代化作出了努力，并取得了一定成就，如新式教育、工业和商业的发展，以及城市公共管理和救济的建立，但无休止的战争和政策的不稳定最终破坏了这些进展。

20世纪20年代，济南的人口数量大约达到30万。这个时期，旧城区不仅居住密度有所上升，而且商业活动频繁的区域也见证了建筑密度的增长。尽管军阀混战日益加剧，但济南相较于其他城市，面临的战乱相对较少。相对的安稳，并不意味着周边乡村同样享有安宁。实际上，由于频繁遭受匪患的困扰，许多经济条件相对较好的乡村居民，选择迁入济南市区，寻求一个更为安全的避难所。

关于1914—1933年济南的人口数量，无论是户数还是人口数量，在内城、外城、商业区和乡区，均呈上升趋势。其中，呈显著变化的商业区，户数增长率接近5倍，人口增长率达6倍有余（见表1–1）。关于户数增长率和人口增长率的上升，有以下两种解释。

其一，便是上文提到济南城区因相对安全，导致移民的增加。城市还有较好的政治和经济发展的机会，有较好的教育资源，即便是普通百姓，也能从济南的工业、商业、建筑业和运输业等发展中寻求更好的谋生机会。此外，还有来自山东其他地区的或因自然灾害或因人为灾难而来的避难者。

表1-1 1914—1933年的济南人口

区域	1914年		1933年		户数增长率/% （1914-1933年）	人口增长率/% （1914-1933年）
	户数	人口数量	户数	人口数量		
内城	12990	56574	14493	71543	11.57	26.46
外城	17806	70186	21108	105618	18.54	50.48
商业区	2556	11159	14957	80233	485.17	619.00
乡区	28829	108071	46310	170378	60.64	57.65
合计/平均	62181	245990	96868	427772	55.78	73.90

资料来源：鲍德威，张汉. 中国的城市变迁：1890—1949年山东济南的政治和发展［M］. 北京：北京大学出版社，2010：224-225.

其二，改善的公共卫生条件，也是一个重要的因素。在近代中国与世界接轨之后，虽然有少数西医和传教士深入乡村，但他们中的大多数还是选择了将城市作为工作地点。此外，医疗设施的建设、公共卫生服务的发展，以及城市基础设施的完善，如城市供水系统和污水处理系统的建立，共同促使了20世纪二三十年代的济南成为一个更加适宜居住的城市。

近代济南，在城市化的快速发展、济南当局相对稳定有序的治理下，为更好地宣传当局政策或对济南城市建设及未来展望发表言论、声明立场、建言献策，营造了一个多元化的百家争鸣般的舆论场，推动了本省报业等媒体的迅速崛起。

根据史和等编《中国近代报刊名录》一书的记载，1916年前，出现了《济南报》《新济南报》《济南日报》等多种报纸。这些报纸大都由清朝官府提供经费。

国民政府成立后，随着城市社会的迅速发展，信息传播的需求越来越大，人们对新闻了解的迫切性也日益增强。每天读报，成了济南市民获取信息、了解时事的主要途径。所以，这一时期，济南的报纸多按《济南日报》这样"日报"的出版周期发售。除了日报，为迎合这一时期大众的社会文化水平和接受程度，还出现了晚报、画报等多种形式的新媒体形式。即便是《济南日报》上的广告，也多有配图。多种媒体的出现，意味着传播方式的多样化，不仅为济南城市居民获取信息提供了多种渠道，也反映了当时济南社会需求的多元化和信息传播方式的多样化。

二、山东地区旧势力的崩塌

1. 封建专制势力的败退

山东地区作为一个在中国历史上具有独特地位的地方行政区域，其区域性特征与其所处的自然、社会、文化环境等密切相关，其区域政治也表现出了一定的独特性。山东地区具有悠久的文化积淀、文化传统及特殊的地缘位置，使山东政治带有明显的区域色彩。

素有"京畿佐辅重地"之称的山东既是紧邻直隶的沿海大省，又有胶济铁路、黄河、京杭运河等贯穿全省。地处陆路要冲，兼有海运之便。加之山东人民反封建、反侵略的革命传统，使山东颇受当时全国性革命团体——同盟会的高度重视。

1906年5月，同盟会制订的《中国同盟会总章》规定，将同盟会国内北部支部所在地设于山东烟台，下辖山东、山西、陕西、蒙古、直隶、东三省各分部组织。由此可见，山东革命运动自一开始便在全国的革命大局中处于举足轻重的战略地位。武昌首义后，湖北军政府便以都督黎元洪的名义发表《檄山东文》，号召山东人民"速举义旗，右我鄂军，西发临清，扼南北之咽喉；北出渤海，攻塘沽之险隘，直捣巢穴，复汉宫之威仪，建共和之民国"❶。

而省城的济南，则革命形势大为不同。一方面，清政府在济南的统治势力比较强大，一向布置重兵驻守；另一方面，同盟会在济南的活动影响力有限，又没有在军队中发展力量。因此，济南革命的阻力和困难较大。武昌起义和各省纷纷宣布独立之后，济南同盟会及各界人士在咨议局集会，山东主盟人徐镜心等人立即草拟了《山东独立大纲》，谋求成立山东临时政府，但遭到了立宪派和旧官僚的反对，并将《山东独立大纲》改为《劝告政府八条》交给了山东巡抚孙宝琦。《劝告政府八条》抛弃了革命党人反清、反卖国和组织临时政府的要求，只是在承认清廷仍为中央政府的前提下，要求取得符合地方绅商、地主利益的自治权，作一点标榜民主的改良而已。后因清政府对《劝告政府八条》回复含糊，并企图搪塞过去，革命派、立宪派和开明官绅遂抛开山东总督孙宝琦和咨议局，另组织"山东全省各界联合总会"为全省立法和监督行政最高机关，将清政府法定的咨议局推翻，这使山东"虽无独立之名，却已在一定程度上形成独立之实了"❷。"联合会"的成立，一方面极大增强了革命党人谋求独立的信心。丁惟汾、谢鸿焘等人挑起革命重担，与"联合会"的夏继泉、王讷等密切配合，加紧策动山东独立；另一方面令镇守济南的清朝统治者大为惊慌，新军第五镇统制张永成弃职逃走，司、道一级官员也"纷然俱逃"。在山东各界人民的压力和推力

---

❶ 黎元洪. 檄山东文［N］. 顺天时报，1911-11-03.

❷ 吕伟俊. 民国山东史［M］. 济南：山东人民出版社，1995：13.

之下，"联合会"会长夏继泉决定于1911年11月13日召开山东独立大会，并邀请山东巡抚孙宝琦与会发表演说。虽然孙宝琦一再犹豫，不同意马上宣布山东独立，但在众人的极力劝说和"以短铳相加"的逼迫下，只能默认山东独立。丁世峄将预先拟好的一份《山东绅民独立誓书》张贴在台上，宣布"山东全省人民与清政府实行断绝关系""山东全省人民加入中华民国军政府"。全场顿时高呼"山东独立万岁""中国革命万岁"！

"山东独立"和烟台等地区的起义，动摇了清政府的腐朽统治，在近代革命史上写下了光辉篇章，成为辛亥革命不可或缺的重要组成部分。这场革命对山东的政治、经济、思想等领域产生了积极而深远的影响，而这些影响无疑冲击了儒家旧势力和封建清政府在山东的影响力，客观上为新思想新文化的传播提供了空间。

其一，政治领域。山东革命是一次资产阶级革命，它的成功标志着清政府在山东的专制统治瓦解，全新的地方政治体制初步建立。

山东独立之后，带有明显皇权色彩的咨议局逐渐退出历史舞台，省议会成为全省立法和监督的最高机关，后北京政府正式公布《省议会议员选举法》《省议会暂行法》，使山东地方的议会制度逐渐走向成熟。虽然省议会自一开始就未被革命派完全控制，但还是对山东民主政治的建立具有一定的作用，并从根本上改变了地方传统政治形态。

在传统中国，"江山社稷"被认为是皇帝的私有财产，"官员们都是依附并效忠皇帝的，他们的官职就像个人财产一样是皇帝赐予的"❶，

---

❶ 黄宗智. 清代的法律、社会与文化：民法的表达与实践［M］. 上海：上海古籍出版社，2001：217.

儒家"亲亲""尊尊"则为"家天下"提供了"君权至上"的政治原则，而等级制、礼教观念和建立在习俗之上的"无讼"追求都时时刻刻体现儒家的社会控制思想。作为外源性的地方政治制度，省议会首先就从根本上宣告了儒家与地方政治制度的分离。另外，在议会制度中，选民可以通过监督和立法的方式参政议政，否定了儒家所依赖的君主专制制度。第二届山东省议会期间通过的两项关于张树元和屈映光的弹劾案则是否定专制的集中体现：张树元和屈映光作为地区最高的军政和行政长官，被弹劾去职并非传统政治里面"自上而下"的监督或者类似"罪己"等传统方式，而是以一种"自下而上"、集中反映"民有""民治""民享""主权在民"的方式强行剥夺其职权。弹劾案的通过使儒家的一些核心观念，如上下尊卑逐渐被平等替代、礼治逐渐被法治替代。这既反映出西方哲学思想已经在山东地方政治中崭露头角，也标志着儒家在地方政治中的权威性受到严重冲击。

另外，山东省议会议长张公制及绅商学界代表在济南面诘督军张怀芝、议会通电反对复辟，力保山东主权等行为，都反映了山东省议会积极地行使民意代表的职权。可以说，以儒家为代表的传统政治思想逐渐被边缘化，以"民主自由""天赋人权"为代表的西方哲学和政治思想开始占据主流。

除了省级立法机构的设立，省级各专职机构也进行了调整，包括废除了布政使司、提法使司、提学使司等清末旧制；在省行政公署之下设置总务处和内务、财政、教育、实业四司。除上述"一处四司"外，山东提法使司改组成山东省司法筹备处，直属司法部，负责全省的司法行政事务。司法筹备处处长由司法总长委任，受省行政长官监督。另外，山东省高等审判厅和山东省高等检察厅均予以保留。在民国地方政府组建过程中，基本背离了儒家精神的传统政治原则，《临时约法》中规定的"三权分立"原则在地方政治组织框架方面基本得到体现。应该说，此时儒家与山东地方政治、制度的联系已经消失于无形之中。

其二，经济领域。辛亥革命推动了山东民族资本主义的发展，社会上出现了振兴实业、提倡国货的热潮。由于经济环境的改善加之"工商立国"政策的提出，工商群体的地位不断提高。

中国传统社会是由"士、农、工、商"组成的"四民社会"。从"四民"关系上看，"士"为"四民"之首，"农"为"本"业，"工""商"为"末"业。究其原因，正是因为商人重利轻义的理念与儒家的"正其义不谋其利"的君子理念相抵触。在儒家制度化确立的汉代，"商人的权利和社会地位被法律严厉地限制。他们缴纳重税，不能穿丝绸，不能拥有土地，甚至后代也禁止进入官场"[1]，这表明工商业者在儒家义利观的束缚下虽具有经济地位，却没有相应的政治地位。而随着工商业队伍的壮大、经济实力的增强，工商业者的政治地位不断提高，参政议政的机会也不断增多。1912年，《省议会选举法》明确规定选民资格是以财产和科举功名为标准，实力雄厚的工商业者开始进入地方权力中心。其中，宋传典就凭着自己的经济实力，当选山东第三届省议会议长。这表明商人已经冲破了儒家的义利观，逐渐由社会边缘走向了社会的中心。与此同时，工商业经营者开始通过以行业和同乡为基础建立行会，除了"通商情、开商智、扩商权"，更是

---

[1] 陈锦江. 清末现代企业与官商的关系［M］. 北京：中国社会科学出版社，1997：20-21.

"掌握了城市社会治安、市政建设、卫生防疫、文化教育和其他公益事业的管理权"❶。这充分说明了商人团体在社会生活中扮演越来越重要的角色，甚至在商业发达的济南等地，商会还参与抵制北京政府关于开印花税的活动。商人凭其经济实力，逐渐取代了绅士的社会地位，进而打破了绅士对社会资本的垄断，经商为"四业之末"的时代一去不复返了。

此外，辛亥革命后，山东城市有了较快发展，人口数量和规模不断扩大。原有的大城市济南、青岛开始由单一化城市向多元功能城市发展；潍县、周村、烟台等中等城市也开始成为区域经济中心和工业生产基地。随着山东城市量和质的发展，山东的社会精英们越来越集中在城市，农村则由于新式教育机构和生活资源的缺失进一步加重了知识精英的流失，城市对农村的"示范"作用也随之更加明显。因此，既然"重本抑末"等儒家观念在城市失去了权威，那么在农村的制约力也自然会减弱。这样一来，在城乡二元化结构明显的近代山东经济社会中，越来越多的儒家观念被背弃，儒家的影响力也在此过程中一再式微。

其三，思想教育领域。辛亥革命直接引发了山东在思想教育领域的深刻变化。作为民族觉醒的产物，辛亥革命进一步促进了人们思想的解放，共和民主思想、"天赋人权"思想使社会精英的价值标准和道德观念发生了改变。

辛亥革命时期，山东革命党人创办了"论政首斥贪污，论学首崇新

---

❶ 李宏生，等. 齐鲁烽火——辛亥革命在山东［M］. 济南：山东人民出版社，2011：269.

知，引而归之革命"的以《晨钟》《渤海日报》为代表的报纸和杂志，并通过这些刊物进行了大量的革命宣传工作。他们积极引进近代西方的哲学和政治思想的同时，也痛斥了满清残暴的专制统治，儒学作为专制政治的意识形态也无可避免地被批判了。

辛亥革命后，夺取政权的革命党人开始活跃于教育界。1913年，同盟会会员王祝晨与刘冠三等在济南大明湖畔创办私立正谊中学，积极推广新式教育；1915年，被誉为"山东蔡元培"的鞠思敏曾拟订"山东省教育改良计划"，试图尽快改变山东教育的落后局面，"引起山东教育界之觉醒"❶。山东革命党人和进步人士推行新教育活动的基本内容为宣传"民主、共和、自由、平等"的资产阶级政治理念。他们致力于传播科学知识和教育改革，反对封建旧礼教，发展女子教育，提倡新文化。通过西式教育成才的一大批山东知识分子，不仅拥有了新的知识和技能，而且还拥有了新的观念和理想追求。他们在民国山东社会逐渐成为引领社会潮流的主力。

尽管在山东独立大会后，反动势力又进行了一些反扑，但总的来说，这段时期的斗争动摇了山东地区封建专制统治，客观上有利于新思想和新理念的传播，为后来的五四运动及新文化运动的传播提供了土壤。

2. 儒家旧思想的衰退

由于山东是儒家文化的发源地，以儒家为代表的齐鲁文化势力相对强大。在军阀与地方政府的政治支持下，逆时代潮流的"尊孔复古"一

---

❶ 王恒. 王祝晨传［M］. 长春：吉林人民出版社，2004：7.

度达到高潮。

在五四运动之前，山东教育界长期处于儒家思想的影响下，固守"四书五经"，发展缓慢。1904年，像登州、蓬莱这样存有大量西方传教士办学的县，家塾超过了2000所，仍是当时教育的主体。❶山东省立第一师范学校的校长、山东著名教育家王祝晨在民国初年拟定的《普及教育意见书》，1912年和1916年两次上呈山东教育行政部门，均未被采纳。❷

但是这一现象在"五四"新文化运动前后发生了明显的变化。五四运动及新文化运动席卷全国，在山东地区也有广泛影响。然而，这股引领社会潮流的力量，不再是传统儒学的追随者，其中的激进分子成为传统儒学的批判者。"儒学毕竟不是宗教，它从来不是靠一套宗教组织、神职人员、固定的宗教活动来传播和传承的，而是靠接受和崇尚儒学的知识分子一代代薪火相传的。"❸山东大批接受新式教育的学子毕业之后，大都"弁髦经典，蔑视往圣"，儒学在山东的传承陷入了后继乏人的困境。一批以傅斯年、杨明斋等为代表的山东新一代知识分子积极参与了这场批孔运动，在山东及全国教育界产生了较大的影响，不但压缩了"尊孔复古"的生存空间，而且给山东文化界注入了新文化的新鲜血液。

---

❶ 马德坤，张晓兰. 民国山东四大教育家研究［M］. 上海：复旦大学出版社，2011：33.

❷ 张默生. 王大牛传［M］. 济南：东方书社出版，1947：30.

❸ 张锡勤. 儒学在中国近代的命运［M］. 北京：人民出版社，2011：200.

三、日本帝国主义对山东的觊觎

20世纪初期，山东被日本帝国主义视为目标，虎视眈眈。在中国北方，山东与朝鲜半岛和东北地区隔海相望，再加上德国在山东殖民经营的刺激，这里自然成为日本觊觎与扩张的对象。

据学者研究，1912—1914年，日本有关山东省的出版物几乎都带有时事资讯性质，其中部分资料具有明显的政治性建议色彩。从日本在山东省的商业贸易急速发展的情形来看，这些资料意味着在第一次世界大战爆发前数年间，日本对于山东省商业和外交的兴致骤然增加。❶

日本学者胜部国臣在1905年出版的《清国商业地理》中强调日本在北部中国的利益："……我国出口物品中的棉线、织物、茶、砂糖、海产品、火柴等诸多货物，皆适合本地；供应我国制绒原料的羊毛、驼毛及作为农耕肥料的豆、豆粕类的进口额年年增加，将来彼我通商关系会愈发紧密。"❷日本的学者为日本帝国主义的侵略出谋划策，日本的商人则先行出动，以投资、经商等活动作为幌子，在山东地区大肆掠夺财富。

1. 日本在山东地区的非法制钱贸易

制钱，即明清时期官铸的货币，多为铜币。日本在山东地区大肆进行非法贩卖、熔铸制钱的勾当。学者黄尊严在《日本于山东问题

---

❶ 李俊熙，赵显镐. 1914 年以前日本人在山东［J］. 东方论坛，2000（4）：5.
❷ 胜部国臣. 清国商业地理［M］. 东京：博文馆，1905：28.

（1914—1923年）》一书中指出，日商在山东贩卖制钱的非法贸易约始
于1915年。❶据青岛日本守备军司令官大谷喜久藏统计，到1916年，在
胶济铁路沿线从事专门收购制钱的日本商人已达5000余人。❷同年，许
家庆在《东方杂志》第13卷第9号发表《中国制钱之出口》一文，指责
日商熔钱为铜，"贩卖于他国，借以牟利"。关于日商非法贩卖中国制
钱问题，已有研究涉及制钱走私与掠夺的缘起、方式、数额统计、对中
国经济的影响及北洋政府的态度等。❸

　　对于日本人套购制钱的缘起，日本学者安本重治认为，"由于战争
爆发以来，铜价上升，一厘钱与其作为货币，不如当作金属更赚钱，
于是制钱贸易诞生了。听说在济南采购二十元左右出口到大阪，便成
为三十五六元。于是，从青岛以铜、从天津以旧黄铜的名义大量出
口。"❹日商以第一次世界大战后铜价暴涨为契机，为攫取高额利润，
从中国非法走私铜和旧黄铜。在日本人看来，制钱就是用来赚钱的商
品，买卖铜制钱乃至将铜钱熔化为商品出口都是合法的。日本人不但认
为套购制钱是赚取钱财的合法贸易，还认为是一种有趣的买卖。"看到
人在堆积如山的一厘钱中劳作，那钱仿佛如大豆、米谷一样堆积着。钱
竟然是商品，真有点儿不可思议。"❺"制钱贸易是只有在中国才能见

————————

❶ 黄尊严. 日本与山东问题（1914-1923）［M］. 济南：齐鲁书社，2004：185.
❷ 同❶.
❸ 王闯. 欧战时期北洋政府对于日人贩运制钱的态度［J］. 史学月刊，2015（5）：4.
❹ 安本重治. 世界の富源："支那"印象記［M］. 東京：東洋タイムス社，1918：210.
❺ 安本重治. 世界の富源："支那"印象記［M］. 東京：東洋タイムス社，1918：
209.

到的颇有趣的买卖。"❶ "来济南游玩者不能错过制钱买卖状况。"❷
由此可见，多数游历者带着猎奇的目光欣赏着日本人买卖中国铜钱的盛
况。而这一盛况与巨额利润的背后，是惨无人道的掠夺和对中国金融的
侵蚀。日本人对山东铜制钱的掠夺导致20世纪20年代一定程度上的钱
荒，也间接造成20世纪30年代农村金融枯竭、经济破产。

日本人套购制钱，将中国视为其扩张的"矿床"，对中国人民财富
之贪婪、掠夺之残酷令人发指。受巨额利润驱使，日本大批浪人甚至组
成武装团伙，在山东内地收购、骗取制钱，严重威胁到山东军民的生
命、财产安全。

2. 日本对山东地区的煤炭掠夺

第一次世界大战期间，正是日本工业的大发展时期。为弥补其国内
资源不足，日本对胶济铁路沿线的矿产资源进行了大规模的掠夺性开
采，并根据不同煤矿的特点采取多样的经营模式。坊子煤矿条件较差，
当局采取承包形式开采。淄川煤炭煤质好、储藏量大，当局采取直接经
营方式。淄川煤矿当局恢复旧矿井，开凿新矿井，使产量大幅度提高。
到1921年，该矿的煤日产量达到1500吨，年产量达到50万吨，职工人数
也达到4000人，成为山东第一大煤矿。胶济沿线煤矿的开采，给日本提
供了急需的工业原料，也给日本带来了丰厚的殖民利润。仅以淄川煤矿
为例，从1915—1921年，日本共从淄川煤矿掠夺煤炭700多万吨，获利

---

❶ 安本重治. 世界の富源："支那"印象記［M］. 東京：東洋タイムス社，1918：209.

❷ 内藤久寛. 訪隣紀程［M］. 東京：自家出版，1918：164–165.

4400多万日元。煤炭掠夺是日本对山东进行经济掠夺的一个缩影。❶

1918年，日本在上海设立的东亚同文书院的第15期学生前往淄川考察煤矿。"淄川是山东有名的煤炭产地，淄川炭矿战前由德国人经营，炭质良好，藏量丰富。"学生们脱下白色的洋装，穿上矿工油腻腻的工装，戴上矿工的帽子，每人提着一盏灯，在向导的带领下下到坑内。"坑深270米，仿佛落到地狱一般。坑内有马有车，繁忙地搬运着煤炭。仅靠一盏灯照着，由向导带领在黑暗的坑道内左折右转，或上或下，越走坑道越狭窄，个子高的往往会碰到岩石角上。矿工在微弱的灯影下忙碌地工作。这些坑内不知何时会发生怎样的危险，但他们为了生活不得不忍受，为了生活什么都可以做。这样参观炭矿约一小时许，来到坑外地上时，顿觉仿佛重生了一般。"❷矿工为了生活在微弱的灯光下繁忙地工作，坑内随时都会发生意想不到的危险。矿工工作环境不仅恶劣，矿主为榨取更多的利润，竟然奴役童工。黄尊严指出，日军占领淄川煤矿后，实行"包工制"。他们指定少数华人充当包工头，负责招雇采煤工人。这种方式使矿工遭受双重盘剥和压迫，劳动时间长，工资收入低微且劳动条件恶劣。❸

综上所述，无论是"制钱贸易"，还是采掘煤炭，都不是单纯的商业行为，而是军政商勾结的掠夺。日本对胶济铁路、青岛港及沿线煤矿的占有属于战争掠夺，占领后的掠夺性经营也主要由占领军当局直接进

❶ 宋志勇. 1914-1922年日本在山东的军政殖民统治 [J]. 抗日战争研究，1998（1）：14.
❷ 东亚同文书院第15期学生. 利涉大川 [M]. 上海：东亚同文书院，1918：265.
❸ 黄尊严. 日本与山东问题（1914-1923）[M]. 济南：齐鲁书社，2004：121.

行。日本商人对山东民间制钱和煤炭的掠夺，也是在日本占领军的支持、保护下进行，并通过日军控制下的胶济铁路、青岛港口和胶海关掠运至日本。即便商业资本对山东工矿业的投资，也是在日本占领军的部署和怂恿下实现的，是为配合日本政府独占山东利益的方针服务的，它实现了日本军事侵略势力难以达到的扩张目的。而且，日本工业资本、商业资本等在山东的垄断地位，并非经济扩张与自由竞争的结果，而是军事占领的产物。❶这些赤裸裸的掠夺无法不引起山东人民的愤怒和反抗。

内有封建势力的疯狂压榨，外有帝国主义虎视眈眈，山东地区的有识之士极力呼吁民众觉醒，积极宣传救国思想，力图开启民智，救国救民于水火。这些都为民族意识的觉醒、新的政治力量的崛起提供了土壤。

---

❶ 黄尊严. 日本与山东问题（1914-1923）［M］. 济南：齐鲁书社，2004：111-112.

第二节　新文化运动的洗礼

一、新文化运动概述

新文化运动是中国现代历史上一场深刻的思想启蒙运动，始于1915年，在1919年的五四运动中达到高潮。它以启迪民智、批判传统文化、推动社会进步为目标，在思想、文化、社会等多个方面产生了深远影响。这场运动的兴起，既有内外因素的推动，又体现了中国知识分子对民族未来的深刻关怀。

1917年，蔡元培出任北京大学校长。针对校内学术研究观念淡薄、陈腐思想泛滥的局面，本着教育救国的方针，他提出了"兼容并包""学术自由"的办学宗旨，并网罗了一批有先进思想的新文化派充实教师队伍。一时间，陈独秀、李大钊、胡适、鲁迅、吴虞、钱玄同等新文化主将们云集北大。他们不仅在课堂上传授思想、批判旧传统，还在《新青年》《甲寅》《晨报》等进步报刊上撰文，宣扬民主科学精神，批判儒家伦理观念。

新文化运动的核心思想包括对传统文化的批判、对民主与科学的推崇、对白话文的倡导及对平等观念的提倡。陈独秀在《新青年》中提出了"德先生"（民主）与"赛先生"（科学）的理念，认为这两者是中国走向现代化的关键。知识分子对传统儒家思想进行了尖锐批判，认为其束缚了思想自由和社会进步。与此同时，白话文运动由胡适、鲁迅等人推动，主张以简单易懂的语言取代文言文，使普通人能够读懂文学作品。通过这些变革，新文化运动致力于从文化、语言和思想层面解放国民，培育新的社会价值观。

新文化运动不仅停留在思想层面，还通过一系列实践活动得到广泛传播。《新青年》杂志是这一时期的重要思想阵地，汇集了陈独秀、胡适、鲁迅等思想家的文章，广泛讨论民主、科学和文学改革等议题。白话文运动的成功普及，为新思想提供了更广阔的传播基础。此外，知识分子通过翻译西方经典作品，引入了达尔文主义、自由主义、马克思主义等新思潮，为中国现代思想体系的构建奠定了基础。教育改革也在这一时期兴起，取代传统私塾的现代学校体系逐渐形成，培养了一批具有现代意识的青年。

新文化运动对中国现代化进程的影响是深远的。它打破了传统思想的束缚，为中国社会注入了创新与变革的动力。这场运动推动了教育和文学改革，为现代中国文化奠定了基础；它塑造了思想解放的社会氛围，开启了中国追求现代化的进程。然而，运动也伴随着争议。一些人认为对传统文化的全盘否定过于激进，忽视了文化传承的必要性；另一些人则质疑过度推崇西方思想可能导致文化认同的危机。尽管如此，新文化运动在中国思想史和社会变革史上具有重要地位，其倡导的民主与科学精神至今仍是社会进步的核心力量。

总的来说，新文化运动不仅是一场文化和思想的变革，更是一场社会意识的觉醒。它为中国的现代化提供了思想基础，塑造了一代人对民主与科学的追求。这场运动的意义超越了时代，其思想光辉依然影响着当今中国社会的发展。无论是历史的回顾还是现实的实践，新文化运动都为我们提供了丰富的启示：尊重多元思想、鼓励批判创新，依然是推动社会前行的重要力量。就在轰轰烈烈的新文化运动的洗礼下，《洙源新刊》的创立基础渐渐形成。

二、山东新文化运动的开展

受蔡元培、李大钊、陈独秀等人的影响，在京求学的山东学子们真切地感受到了新文化的熏陶。他们不但在思想上接受了新文化，而且踊跃加入新文化团体，并逐渐成为新文化运动的骨干分子。

这些旅京的山东青年知识分子在接受新文化运动的熏陶后，有的回到家乡，继续宣传新文化、抨击旧思想，使新文化之风吹遍齐鲁大地。例如，赵太侔于1918年自北大外文系毕业后就回到山东，并在山东省立第一中学（以下简称"省立一中"）任教员兼山东省立第一师范学校（以下简称"省立一师"）夜班英语教员，在他的鼓动下，使本属新文化阵营的省立一中的学术气氛更加活跃。而随着越来越多学成归来的山东"新青年"在齐鲁大地继续参与新文化活动，也随着新文化运动的影响力慢慢扩大，众多山东本地的学子也加入新文化的阵营中来。以鲁佛民为代表的一批在鲁知识分子，渐渐认识到跟军阀谈民主自由无异于与虎谋皮。受新文化运动的影响，他开始阅读《新青年》等刊物，并对各家进行评判："陈独秀著文新颖，立论精辟，较胡适胜一筹。"❶他还

---

❶ 安作璋. 山东通史（现代卷·下）［M］. 济南：山东人民出版社，1994：969.

经常在当时的公会机关报《山东法报》上发表文章，鼓吹新文化、批评时政，受到了山东各界人士的关注。显而易见，新文化运动不仅有众多旅京的山东学子积极参与，而且已经吸引了山东本地学子，新文化运动开始向齐鲁大地蔓延。

1919年的五四运动是新文化运动的高潮。北京学生作为主要力量的五四运动，反对北洋政府在《凡尔赛条约》上的妥协，迅速发展为全国性的政治与文化运动。五四运动不仅是爱国主义的体现，更是新文化思想从知识精英向普通大众扩展的标志。学生和青年一代在新文化思想的启迪下，表现出前所未有的民族觉醒与政治参与热情。五四运动使民主与科学的理念深入人心，进一步推动了中国社会的思想解放。

1. 新文化运动中的山东知识分子

作为"大成至圣先师"，孔子在传统教育领域有着至高无上的地位。但民国初年的教育界，经历了晚清近代教育改革、科举制的废除及蔡元培废除小学读经科，教育体制、教育目的和教育内容都与传统教育有着天壤之别，这使学生群体的孔子观不可避免地发生了微妙的变化。但在儒学教育的发源地——山东，教育体制内尊孔读经可谓根深蒂固，近代教育体制改革在山东徒有其表，关于废止读经尊孔并未得到有效贯彻，近代学校"近于私塾者居多"❶。加之，由于军阀在文化政策上的倒行逆施，在教育方面提出了尊孔读经的倒退政策，使山东学校教育界复古气氛更加浓厚，一大批适龄儿童重新走进私塾，研读四书五经；新式学校中尊孔复古的现象也越来越多。之后，新文化运动在京沪等地风起云

---

❶ 张锡勤. 儒学在中国近代的命运［M］. 北京：人民出版社，2011：200.

涌，一批在京沪地区"激而诋孔"的知识分子学成归来，成为山东新文化运动的传播者。他们进入学校，大力宣传新思想，一部分学校成为山东新文化运动的大本营。

1915年，新文化之风吹到了京沪等地，不久便开始浸染和影响到了山东教育界和山东学子。文化的传播需要适宜的客观环境和知识分子的摇旗呐喊。当时位于省会并云集大批知识分子的省立一中和省立一师便具备接受新文化的条件，《新青年》等新文化刊物在校内被师生广泛传阅，并得到部分师生的认可。在省立一中读书的王统照，与《新青年》建立了直接联系：1916年，他给《新青年》写信，说"校课余暇，获读贵志。说理新颖，内容精美，洵为最有益青年之读物"。杂志的编者在《新青年》第二卷第四号上专门给他回信道："来书疾世愤俗，热忱可感。学校有此青年，颇足动人，中国未必沦亡……"❶

新文化运动在山东教育界的传播，靠几本杂志是远远不够的。在新文化运动和五四运动中，山东教育界还涌现出不少批判旧教育、宣传新文化的新式教员。以被学生尊称为"山东胡适之"的王祝晨为代表，这批新式教员不但在教学过程中引进新思想、宣传新文化，而且利用学校资源，出版新文化刊物，在山东教育界引起了极大的轰动。以王祝晨为例，他被聘为省立一师教员兼附小主任后，在教学过程中向学生宣传"民主""科学"的新文化精神，一扫孔孟之道对于普通学生的桎梏。为研究时政、革新思想，1919年王祝晨与鞠承颖等发起组织"尚学会"，由他主编会刊《新文化介绍》。该会刊先后推出文学、教育、哲

---

❶ 王恒. 王祝晨传［M］. 长春：吉林人民出版社，2004：7.

学等号，其中文学号不仅风行全省各地，还流传到外省，"凡有革新思想的山东青年，几乎都受过启示"❶。正是在这时，他被青年学生尊为"山东的胡适之"，从中可以看出他对山东新文化运动的影响之大。王祝晨出任省立一师校长后，更是不遗余力地宣传新文化。他亲自主编了《一师周刊》，自1923年9月起至1926年1月止，共出95期，面向学生进行科学与民主的宣传，后来由于国民政府的查禁才被迫停刊。《一师周刊》遍销山东各县，许多青年都受到了影响。

新文化在山东教育界的流行，使山东中等和高等教育界在文化观和价值观方面产生了分裂和对立。省立一师、省立一中、私立正谊中学、曲阜师范学校等部分接受新文化运动的师生表现为反孔和对五四运动的理解和支持，而以曲阜明德中学为代表的私立学校及不认同新文化的公立学校师生则尊孔和敌视五四新文化运动。

2. 新文化运动在济南的传播与实践

近代济南不仅是山东的政治中心，而且随着自开商埠的实现和胶济、津浦铁路的开通，成为山东乃至整个华北地区的经济中心和交通枢纽。

对于这一时期的济南，我们从当时一些外国人的游记中可以窥见它的样子：既不是典型的晚清传统中国城市，也不完全属于现代社会，而是呈现多样化的城市形象；城市景象别具特色；商贸经济兴盛繁茂；文化教育事业发达；政府市政管理缺憾多。❷宋志勇在《1914—1922年日

---

❶ 张秀英. 山东的胡适之——王祝晨在山东新文化运动中［J］. 山东青年干部管理学院学报，2001，（3）：72.

❷ 王琳. 近代外国人眼中的济南城市景观研究（1840-1937）——基于外文文献的分析［D］. 西安：陕西师范大学，2012.

本在山东的军政殖民统治》❶中，分析了日本在山东实行的军政殖民统治的实态及其对山东社会、经济、文化教育诸方面的影响。

新文化运动提倡的民主与科学思想在济南学界也产生了深远影响。作为山东的文化中心，济南的学术界和教育界对新文化思想表现出浓厚的兴趣，并结合地方特色进行了传播和实践。当地出版的报刊如《山东公报》《济南晨报》等，纷纷刊载有关新文化运动的文章，成为传播新思想的重要阵地。这些报刊的内容涵盖民主、科学、妇女解放、教育改革等话题，为读者提供了接触新思想的渠道。

济南学界的知识分子在这一时期表现出了强烈的社会责任感。他们通过讲座、讨论会和书刊等宣传形式，将新文化运动的核心思想传播到更广泛的群众中。例如，一些学者在公众场合讲解科学知识，倡导破除迷信；另一些人则组织讨论会，探讨如何以民主理念取代封建专制。尤其值得一提的是，济南的一些学者积极翻译和引入西方经典著作，将达尔文、卢梭、孟德斯鸠等思想家的作品介绍给本地读者，为思想启蒙奠定了理论基础。

新文化运动不仅对济南学界产生了深远影响，还对当地的文化和教育发展具有长久的推动作用。五四运动后，济南的教育机构更加注重科学教育和现代知识的普及。学校开始开设自然科学、社会学等新课程，学生的思想视野得到了极大拓展。同时，受新文化运动的启发，济南的知识分子逐渐意识到地方文化传承与现代化结合的重要性。一些学者开

---

❶ 宋志勇. 1914—1922年日本在山东的军政殖民统治［J］. 抗日战争研究，1998（1）：14.

始研究山东的传统文化与历史，并以新文化的视角加以解读，为地方文化研究奠定了基础。

此外，新文化运动还培养了一批具有批判精神和社会责任感的知识分子，他们中的许多人后来成为推动中国现代化的重要力量。在他们的影响下，济南逐渐成为山东省重要的思想和文化中心，对周边地区的文化变革起到了辐射作用。

3. 济南学生在新文化运动中的角色

济南的学生群体是当地新文化运动的重要推动者。他们积极参与白话文运动，提倡用白话文写作和教学，推动教育的现代化改革。例如，山东高等学堂的学生自发组织文学社团，创作反映社会现实的白话文作品。这些作品通过地方报刊发表，广泛传播了新文化思想。此外，学生们还积极筹办和参与各种新文化沙龙，讨论文学、哲学、科学等领域的新观点，形成了浓厚的学术氛围。

在妇女解放方面，济南学界也表现出积极姿态。女学生和知识女性在新文化运动中发挥了独特作用，她们不仅呼吁男女平等，反对封建婚姻，还投身于教育和社会服务事业。例如，一些女学生在济南创办了平民夜校，为工人、农民开设识字和基础教育课程。这种直接服务社会的行动，体现了五四精神的实践价值。

第二章
20世纪初济南出版业的发展状况

第一节　明清时期初具规模的出版业

明清时期，我国的图书出版销售业已经较为发达。据文革红在《清代前期通俗小说刊刻考论》《乾嘉时期小说书坊与通俗小说》等书中指出，清代各地近千家书坊，形成了一个图书出版与销售的网络。●进入书坊出版体系的书，很容易在各地买到，如《千家诗》《西游记》《红楼梦》等。

清代的出版业已经粗具规模，流程清晰，从内容创作、刻工、写手、印刷、销售，形成了系统的网络。

清代的出版物可分为官刻、坊刻和私刻等不同形式。官刻为官方刊刻的书籍，如清廷武英殿刻书。坊刻则是各地书坊刊刻的书籍。私刻为某些家族筹集资金刊刻自己家中先辈的文集。清代全国有近千家书坊，形成了复杂、高效的图书产销网络。书坊拥有遍布全国的图书销售体系，很多图书一经坊刻，便能流行全国，各地都能买得到。

---

❶ 文革红. 清代前期通俗小说刊刻考论 [M]. 南昌：江西人民出版社，2008.

　　清代图书出版，主要采用了雕版印刷，无论官刻、私刻还是坊刻，大体保持了相近的出版成本与时效。据学者研究："刻制中上水准的方体字，速度约为110字/日，写作速度约为1000字/日。与之相对应，在实际生产中，写样工匠与刻工的配比多在1∶8~1∶10。"❶一家刻书店配备1名写字工与9名刻工，1天可以出1000字的版，1个月约为3万字的版。但一般的书店往往有几十人的刻工团队，一个月可以出10万字左右的书版。这一刻字速度在明清时期并无太大变化。据有关学者研究，清同治年间，金陵书局筹办伊始张文虎预估的产量，55位刻工，可保证每月18万字的产量。民国初年，刘承幹委托朱文海刻字店，有刻工30人，每月能有10万字的产量。

　　据吴世灯《清代四堡书坊刻书》所载，清代福建四堡创立书坊约150家，有文献记载或实物留存的刻书1484种，除去同书异名的有1228种。其中，仅乾隆朝初期至道光朝期间，四堡地区先后有刻书书坊73家。❷

　　江西抚州浒湾镇是清代的一大刻书中心。浒湾镇位于江西省抚州市金溪县西部，沿抚河可直达南昌，交通较为便利。从康熙朝至清末，金溪浒湾逐渐发展成了江西地区乃至国内最大的刻书中心之一。鼎盛时期，浒湾刊刻的图书行销全国，尤以京城、两湖、川黔等地为盛，形成了"临川才子金溪书"的俗谚。浒湾所刻书传统上被称为"赣版""江

　　❶ 石祥．"出字"：刻书业的生产速度及其生产组织形式［J］．中国出版史研究，2021（3）：103-113.
　　❷ 吴世灯．清代四堡书坊刻书［M］．福州：福建人民出版社，2021：178.

西版"。据学者毛静研究，金溪浒湾的书商开创并主导了北京琉璃厂书市。这实际上是清代北京图书交易的中心。浒湾刻书具有很强的学术性，以科举用书、官制用书、小说、日用书、诗文、文史学术书等为主，种类非常齐全，所刻书籍超过5000种，在常见书之外还涵盖了一些较冷僻的书。❶

福建四堡、江西抚州浒湾等地的刻书业只是代表。明清时期，全国各地的书坊都在持续运作，都在大量刊刻图书。据文革红《明清通俗小说书坊考辨与综录》一书记载，明清时期江苏有书坊321家，刻小说983种；广东有书坊109家，刻小说432种；福建有书坊87家，刻小说205种；浙江有书坊86家，刻小说184种；直隶有书坊59家，刻小说130种；山东有书坊25家，刻小说68种；湖南有书坊22家，刻小说103种。这一统计对于我们认识清代出版业有较大的参考意义，可以看出当时的出版业在全国都已有不小规模。

至清末时期，由于西方技术的引入，出版业发生了很大变化。除了传统的刻印技术、活字技术，一些西方的印刷技术也被引入。上海、广东等地的出版业很快崛起。至民国时期，福建、江西等地的书业便逐渐衰败了，而上海的图书业逐渐取代了此前的多个出版中心。这是因为作为新思想、新文化从海外进入中国的窗口，上海地区的内容产出远胜于其他地区。这一因素促进了上海出版业的发展。

有资料表明，中国近现代意义上的出版业是在百年以前的19世纪中

❶ 毛静. 藻丽琅嬛：浒湾书坊版刻图录［M］. 南昌：江西高等教育出版社，2018：1.

叶以后到20世纪初开始起步的，❶如1872年《申报》创办、1893年《新闻报》创办、1897年商务印书馆成立、1902年《新民丛报》创刊、1912年中华书局成立等。现代出版机构的建立，特别是这些较大规模出版机构的建立，以及从国外输入的印刷机器等的使用，标志着新式出版业的萌芽。

20世纪初，济南作为山东的政治、经济和文化中心，其出版业在这一时期也迎来了重要的发展阶段。随着现代印刷技术的引入和社会思想的变革，济南的出版业在图书、报刊、期刊等多个领域呈现出蓬勃的发展态势，成为传播新思想、推动文化变革的重要力量。

---

❶ 江鸣. 20世纪中国出版业回望［J］. 出版经济，2000（6）：2.

第二节 时代土壤——清末民初济南出版业迅速发展

一、历史背景与发展条件

清末民初时期，随着现代教育体系的建立和社会知识需求的增加，书籍和报刊的出版需求迅速增长。同时，印刷技术的现代化，如铅字排版和石印技术的引入，大大提高了出版效率和质量。

1903年，在报刊开始连载的小说《老残游记》，在其第七回"借箸代筹一县策，纳槛闲访百城书"中，对于临近济南的聊城一带书籍出版、发行的情况作了一番描述。此书虽为文学作品，但也可通过其描述一窥当时山东出版业的风貌。

> 那掌柜的道："我们这东昌府，文风最著名的……这里有《崇辨堂墨选》《目耕斋初二三集》。再古的还有那《八铭塾抄》呢。这都是讲正经学问的。要是讲杂学的，还有《古唐诗合解》《唐诗三百首》。再要高古店，还有《古文释义》。还有一部宝贝书呢，叫做《性理精义》……那边是《阳宅三要》《鬼撮脚》《渊悔子平》，诸子百家，我们小号都是全的。

　　济南是省城，那是大地方，不用说，若要说黄河以北，就要算我们小号是第一家大书店了。别的城池里都没有专门的书店，大半在杂货铺里代卖书。所有方圆二三百里，学堂里用的《三》《百》《千》，都是在小号里贩得去的，一年要销上万本呢。" ❶

　　图书众多，琳琅满目。这位书店掌柜还介绍了图书的出版情况：

　　小号店在这里，后边还有栈房，还有作坊。许多书都是本店里雕版，不用到外路去贩卖的。❷

　　一家书店，业务囊括了图书的出版兼发行，可供方圆二三百里的图书需求，仅学堂的启蒙用书销量都能达到上万本。聊城地区尚且如此，作为省城的济南，出版业之繁华兴盛，更是"大地方，不用说"。

　　出版业的兴盛，使不少城市出现了出版行会。在19世纪中期以前，只有苏州、北京等少数城市设有出版业同业组织。19世纪中叶，特别是19世纪末以后，新式出版业获得了很大的发展。为了减轻盗版等问题对于正常出版业经营的困扰，维护同业利益，促进行业发展，上海等地在20世纪初出现了新式出版业的同业组织。这标志着出版业行会从传

❶ 刘鹗. 老残游记［M］. 北京：人民文学出版社，1982：140.
❷ 刘鹗. 老残游记［M］. 北京：人民文学出版社，1982：141.

统向现代的转型。❶当然，这种转型在不同地区有不同的演进速度。在各个通商口岸城市，出版业行会组织形式多样、规模更大，能够有效地发挥行业管理职能和社会职能，推动出版业的发展。例如，1905—1930年，仅上海地区就有三个出版业同业组织。其中上海书业公所和上海书业商会，甚至直接参与制定国家有关行业政策，体现很强的影响力。而内地的一些城市，出版业行会还采用传统的组织形式，如设立会首、副首、司年、司月等职位，采用推举制，主要功能也是解决同行之间的纠纷，或者举办一些祭祀活动。例如，1904年湖南武冈书业同业订立的规则之一：学徒期为三年，中途而废者，同行不得雇用。❷湖南桃源文昌会1909年制定的《书肆简章》则规定：新开书坊，必须先捐文昌祀典钱10串，并备入帮酒四席。由于出版业及相关行业（如纸业、刻字业）以读书人为主要客户，所以旧社会中的从业者多尊崇主宰功名利禄的文昌帝君，以及造纸始祖蔡伦和梅葛二仙。一些出版行会如北京文昌会馆、长沙同义公所等还会主持相关的祭祀活动。

此外，作为山东省的省会，济南聚集了大批文化名人和知识分子，他们的创作成果为出版业提供了丰富的内容来源。加之五四运动和新文化运动的推动，思想启蒙的热潮进一步促进了出版物的生产与传播。

---

❶ 邓咏秋. 20世纪前半期中国出版业同业组织从传统到现代的转型 [J]. 出版科学，2007（3）：88-90.

❷ 武冈. 书业条规 [A] // 彭泽益. 中国工商行业会史料集（上册）[G]. 北京：中华书局，1995：286.

二、出版机构的发展与特点

济南坐落于孔孟之乡山东，乃书香之地、文化之都。济南作为一座书香氛围浓厚的城市，其书业有过辉煌的历史。

民国以前，济南的出版发行行业主要以雕版印刷，经营刊刻书的古旧书业为主。民国时期印刷技术的改进和五四运动新思想的传播，使济南的古旧书业迅速没落，新书业蓬勃发展。❶

民国时期济南的民营书业繁荣发展，此阶段的济南不仅有全国大型出版机构的分支机构，更有知识群体创办的一系列民营书店。民国时期的济南，坐拥五家大型民营书店，书业整体呈现一片较为繁荣的景象。

民国时期，一些济南的民营书店与出版业结合，不仅售卖图书，同时也开展出版业务。有的书店更是成为先进知识分子的学会所在地，当时的新思想、新文化皆从书店里迸发出来，书店成了传播新事物的载体。

民国时期济南书店的两大特点："五个大的书店，两个营垒对峙"❷。五个大的书店分别是"商务印书馆济南分馆、世界书局济南分局、济南教育图书社、东方书社和北洋书社。两个营垒一是外地书商在济南建立的分社，主要以商务印书馆济南分馆和世界书局济南分局为主；二是济南本地大的书局，主要以济南教育图书社、东方书社和北洋书社为主"❸。

其中值得一提的是创办于1919年冬的齐鲁书社。该书店与1920年10

---

❶ 李红霞. 胶东书业与民国时期的济南出版业［D］. 济南：山东大学，2012.

❷ 同❶.

❸ 同❶.

月创立的《洨源新刊》属于同一时期，是"山东省和济南市第一家推销
进步书刊的书店"❶。"当时进步人士如共产党人王尽美、邓恩铭及进
步青年王志坚、王象午等都在此讨论时政，进行革命活动。其中，王尽
美、邓恩铭等发起组织的进步学术团体励新学会和王乐平与王尽美共同
创办的平民学会，都在书社后院内。"❷这几位进步人士都是参与《洨
源新刊》创办与编辑的重要成员。可见新式书店的创办与发展，与先进
知识分子互为支撑，两者息息相关。

三、报刊业的繁荣与发展

20世纪初，中国社会经历了清末新政、辛亥革命及新文化运动的多
重历史变迁。在这一时代背景下，济南作为山东省的政治、经济和文化
中心，逐渐发展成为区域性的重要媒体中心。济南的报刊业在这一时期
迅速崛起，成为地方出版业的重要组成部分，为传播新思想、启迪民
智、促进社会变革发挥了重要作用。

济南位于京沪要冲，胶济铁路与津浦铁路在此交会，优越的交通条
件促进了经济的快速发展。随着城市化的推进，济南涌现出大量商贸机构
和新兴产业，城市的文化氛围日益浓厚，为报刊业发展打下经济基础。

清末，山东的新闻出版业开始萌芽，涌现了一些备受瞩目的报纸，
如济南的山东官报事务所于1908年发行的《山东日日官报》，有选论、
本馆特别要闻、时事近闻、本省近事、汇报（外省新闻）、杂录、国事

---

❶ 《济南出版志》编纂委员会. 济南出版志［M］. 济南：济南出版社，1989：24.
❷ 李红霞. 胶东书业与民国时期的济南出版业［D］. 济南：山东大学，2012.

要牍、广告等栏目。❶再如由济南简报馆出版、山东省自治筹办处印行的《山东自治报》，主要栏目有奏折、章程、文牍、批牍、函件、释义、表册、电报。❷

在当时的山东省，这些报纸无论出版周期是日刊还是月刊，其板块已经相当完善，是规模颇大且具有影响力的报纸。这些报纸在山东地区的舆论引导和信息传达方面发挥了不可忽视的作用。它们不仅关注政治、经济和社会动态，还涉及文化、教育和地方风情。这些报纸上的新闻报道、社论、评论，甚至广告，或直接或间接地呈现了当时齐鲁大地上的民生状况与社会变迁，为研究民国时期山东的社会生活史提供了重要的文献资料。

据统计，民国时期山东先后创办各类报纸470多种，其中有官报、党派报纸、群众团体报纸、民办报纸、军队报纸、画报和外文报纸等。❸五四新文化运动后，山东报刊业的发展进入现代阶段，在这个历史时期，山东各地的报业有了较大发展。

根据相关资料，可以将济南报刊业的发展大致划分为以下三个阶段。

（1）晚清时期报刊业的初步兴起（1900—1911年）

晚清时期是济南报刊业的起步阶段，主要以商业性报纸为主，同时也有一些由知识分子创办的报刊开始出现，如《山东日报》《益报》等。其中值得一提的是，1905年5月4日，山东省商务局所办报纸，官方

---

❶ 史和，等. 中国近代报刊名录［M］. 福建：福建人民出版社，1991.

❷ 同❶.

❸ 刘衍琴. 民国时期山东报业概述［J］. 新闻大学，1996，（1）：40-42.

拨款一万两作为其开办经费。这说明,当时也有地方报纸是由官方倡办且提供启动资金的。

1904年创刊的《山东日报》是济南较早出现的一份地方性报纸。它主要刊载新闻报道和商业广告,内容以服务本地商贸活动为主,初步形成了济南报刊的雏形。

1906年创刊的《益报》是济南具有一定政治和思想倾向的报纸之一。该报以宣传社会改革和推动新思想为目标,受到当地知识分子和开明人士的青睐。

(2)民国初年的快速发展(1912—1919年)

民国成立后,济南报刊业进入快速发展期。一方面,辛亥革命后的社会变革和言论自由为报刊业提供了良好的发展环境;另一方面,地方政府和新兴知识分子积极创办报刊,试图通过媒体推动社会进步,如《大公报》(济南版)、《济南时报》等。

①《大公报》(济南版)

《大公报》是民国时期重要的全国性报纸,其济南版在这一时期开始发行,成为传播国家大事和新文化思想的重要平台。

②《济南时报》

创刊于1914年的《济南时报》,是济南最具代表性的综合性报纸之一,内容涵盖时政、经济、文化等多个领域,在地方社会中具有较大影响力。

值得注意的是,在五四运动前,报刊业还是我国的有识之士与外国侵略势力进行斗争的主阵地,因为对于外国侵略势力来说,控制了山东的媒体,就能够加强对山东的殖民影响力。其中,日本就曾在青岛、济南等地创办报刊,目的是宣传其侵略政策,推行奴化教育。

　　1915年，日本在青岛创办《青岛新闻》，分晨刊、晚刊；1915年，在济南创办《山东新闻》，日销200份；1917年创办《济南日报》，为四版晨刊。这些报刊均为日本官方新闻通讯社创办运营。

　　20世纪初期，日本有影响的通讯社均在青岛设常驻通讯部，派驻人员大肆进行情报收集活动，探寻中国地方官员的行踪，了解民间各阶层活动动向，为日本殖民统治政策提供佐证。日本官方及民间情报人员根据收集的材料，撰写了数量众多的调查文集，涉及山东政治、经济、社会、文化等各个方面，仅公开出版发行的就达几十种之多。❶

　　1914年第一次世界大战爆发，日本趁火打劫，登陆山东半岛龙口，"不仅为了进攻胶州湾，而且隐藏着要控制整个山东的意思"❷。中国的舆论和政界人士，强烈反对日本帝国主义的侵略行为和中国政府的优柔寡断。而日本的舆论却与此相反，狂热支持日本政府的政策。"许多报纸杂志煽动以山东为根据地，谋求向扬子江两岸的中原地区进行经济扩张。就连有爱会的机关报《有爱新报》也鼓吹在战争结束以前，把胶州湾置于日本领土之下，无论是资本家还是工人都要大举进入该地，以发扬国威。"❸

　　可以说，日本在我国创立报刊，引起了我国的有识之士的警觉。这

　　❶　曲晓燕. 近代日本人游记中的山东认识（1871-1931）［D］. 济南：山东师范大学，2020.
　　❷　信夫清三郎. 日本外交史（上册）［M］. 天津社会科学院日本问题研究所，译. 北京：商务印书馆，1980：398.
　　❸　信夫清三郎. 日本外交史（上册）［M］. 天津社会科学院日本问题研究所，译. 北京：商务印书馆，1980：399.

一时期国内的报刊同时担负着争夺和维护宣传阵地、捍卫领土主权、对抗外国侵略势力的重任。

（3）五四时期的繁荣（1919—1927年）

五四运动后，济南报刊业迎来了前所未有的繁荣时期。这一时期，受五四新文化运动的影响，期刊的数量显著增加，思想性与社会批判性进一步增强。值得注意的是，由于很多期刊是从报纸的基础上衍生发展出来的，也出现了一些"报刊不分"的情况。例如，《洑源新刊》最初创立时，是一个4开4页的报纸，但是到了后期，又有人把它描述为16开的杂志。这些与民国时期"报刊不分"的情况相符。❶在此时期出版的期刊，内容广泛、种类丰富，涵盖文学、教育、科学和时事评论等领域，满足了不同读者群体的需求。例如，一些教育类期刊专注于传播现代教育理念，文学类期刊则以白话文创作为主，推动了新文学运动在济南的普及。

此时期的代表性报刊有《山东新潮》《洑源新刊》《齐鲁学报》等。

①《山东新潮》

创刊时间：1919年。

创办背景：受到五四新文化运动的影响，由山东省的青年知识分子创办。

---

❶ 滕天宇，滕长富. 山东新文化运动马前卒《洑源新刊》［N］. 人民政协报，2022-05-09.

主要内容：传播民主与科学思想；宣扬新文化运动的核心理念，如白话文、文学革新等；刊载学术论文、时事评论和文学作品。

影响：《山东新潮》作为济南五四时期的重要刊物，直接受到新文化运动的影响，成为传播科学与民主思想的先锋阵地。该刊注重启迪青年思维，倡导社会改良，深受进步青年和知识分子的欢迎，启迪了大量青年学生。

②《泺源新刊》

创刊时间：1920年10月1日。

创办背景：以济南为中心，由一群进步学生发起，以宣传新思想为目标。

主要内容：刊登白话文文学作品，包括小说、诗歌和散文；发表关于社会变革、教育改革的文章；宣扬平等、自由、进步的理念。

影响：《泺源新刊》是济南一份具有地方特色的报刊，主要面向普通民众和青年学生。它以白话文形式刊载文章，内容涵盖时事评论、文学创作和教育探讨，在五四时期济南的文化传播中发挥了重要作用。很多知名教育家、文学批判家、革命者等先进知识分子，如工尽美、邓恩铭、王统照、王志坚等，都与《泺源新刊》的渊源很深。

③《齐鲁学报》

创刊时间：20世纪初。

创办背景：由一个山东地方学术团体创办，以推动地方学术研究为宗旨。

主要内容：研究山东的历史、地理、文学和民俗；刊载学术论文，探讨儒家文化与现代社会的关系；宣扬现代学术方法与思想观念。

影响：为地方学术的发展奠定了重要基础，成为济南地区知识分子探讨学术与文化的重要平台。

④《山东青年》

创刊时间：1920年左右。

创办背景：以青年为主要读者群体，由进步青年团体主办。

主要内容：宣扬青年思想启蒙，倡导青年参与社会变革；刊载与教育、科学、民主有关的文章；推动白话文写作，鼓励青年文学创作。

影响：成为青年思想交流的重要载体，激发了青年参与社会变革的热情。

⑤《民声》

创刊时间：辛亥革命前后。

创办背景：由地方民主人士和知识分子创办。

主要内容：聚焦民生问题，反映底层民众的声音；关注教育改革、社会进步和地方事务；通过评论和社论，表达对封建制度和官僚腐败的批判。

影响：在地方民众中具有一定号召力，推动了济南地区的社会改革意识。

⑥《农学汇报》

创刊时间：20世纪初。

创办背景：由地方农业学者和知识分子创办，旨在推广农业技术和理念。

主要内容：介绍现代农业知识和技术；探讨如何改进传统农业生产方式；研究农业经济与社会发展的关系。

影响：为济南及周边地区的农业发展提供了理论支持，推动了农村经济的现代化进程。

⑦《教育杂志》

创刊时间：20世纪初，具体时间不详。

创办背景：配合新式教育的推广，由地方教育机构或学术团体主办。

主要内容：探讨小学、中学及高等教育的教学方法；刊登教育理论与实践经验；推广科学教育和职业教育的理念。

影响：重视教育改革，适应新社会发展的需求，吸引了大量教育界人士的关注。

⑧《大众文艺》

创刊时间：20世纪初期。

创办背景：受五四新文学运动影响，由进步文人和青年发起。

主要内容：推动白话文的普及，刊登贴近大众生活的文学作品，探讨文艺如何服务社会改革。

影响：普及了新文学的理念和创作方式，拉近了文艺与普通大众的距离。

新文化运动前后，山东地区的报刊业迅速崛起，以适应政治、经济与文化发展的需求。仅在济南，就相继创办了《山东教育报》《济南晚报》《东鲁日报》等报纸。此外，还相继推出了一批新杂志，如《山东农工杂志》《新山东》《工人周刊》《学生杂志》《励新》《泺源新刊》《济南劳动周刊》等。其中，创办于1920年10月1日的《泺源新刊》，其主办团队是山东省立第一师范学校学生自治会。该刊是以介绍新书刊、宣传新思想、揭露社会陋习、批评旧教育、倡导教育改革为宗旨的进步刊物。王尽美、邓恩铭都曾在该刊发表过重要文章。

这些报刊覆盖了政治、经济、文化和社会等诸多领域，产生了深远的社会影响，成为新文化运动时期新思想、新文化传播最重要的渠道。

"1912年至1927年，济南先后出现各类报刊60种。进入19世纪30年代后，济南的报纸数量有明显增长，1932年有17种报纸，到1937年已达20家。"❶与此同时，期刊的发展也是异常迅猛，门类日臻齐全。据资料统计，"1903年至1937年全面抗战爆发前，济南先后出版各类期刊杂志251种。其分布情况是：政治理论时事法律96种，财政经济24种，文化教育50种，工、农、青、妇、少年儿童类19种，文学艺术画刊19种，科学技术类22种，新闻出版广播类21种"❷。

20世纪初的济南报刊业在中国现代化进程中发挥了重要作用。从晚清的初步兴起到五四时期的繁荣，济南报刊业不断壮大，成为传播新思想、推动社会变革的重要力量。这一时期的济南报刊，既反映了社会变革的时代需求，又展现了济南作为区域文化中心的独特魅力。通过内容丰富、形式多样的报刊出版活动，济南在中国近现代报刊史上留下了浓墨重彩的一笔。

四、出版内容的丰富与变革

20世纪初，济南的出版内容随着社会思想的变迁而逐渐丰富，并呈现出以下几个方面的变化。

---

❶ 刘大可. 辛亥革命与山东社会变迁研究——纪念辛亥革命100周年［J］. 济南大学学报（社会科学版），2011（5）：9.

❷ 同❶.

1．传统文化与现代思想共存

在济南出版的书籍和报刊中，传统文化内容依然占据重要地位，如儒家经典、地方志和历史著作。然而，随着新文化运动的推进，越来越多的现代思想书籍开始涌现。例如，关于民主、科学、平等等主题的书籍，以及介绍西方社会学、哲学、自然科学的译作，在出版市场中占据了显著位置。

2．教育与科学类出版物的增长

教育改革带来了对新式教科书和科学普及书籍的巨大需求。一些出版机构专门编撰适应现代学校教育的教材，如语文、数学和自然科学的课本。同时，科学类书籍的出版也逐渐增多，它们以通俗易懂的语言向读者介绍现代科学知识，推动了科学精神的传播。

3．鲜明的地方特色

济南的报刊在关注全国性议题的同时，也注重反映地方问题。例如，报刊常常刊登关于山东社会经济发展的讨论文章，以及有关儒家文化的批判与继承的思考。这种地方性特色使济南的出版物在全国范围内具有独特影响力。

20世纪初的济南期刊业，既有全国性新文化思潮的地方化反映，又体现了济南自身的文化与学术特色。这些期刊涉及思想启蒙、学术研究、教育改革和文学创作等多个领域，丰富了济南的文化生活，并为推动地方社会的现代化作出了重要贡献。这些期刊不仅记录了当时的社会变迁，也成为五四新文化运动和地方文化发展的重要见证。

济南报刊业在20世纪初的不同发展阶段呈现出丰富的内容和鲜明的特色。

（1）注重社会时事与政治评论

济南报刊普遍报道国内外大事，对辛亥革命、五四运动等重大历史事件进行了广泛报道，并通过社论和评论文章表达对社会变革的支持。

（2）推动文化教育与思想启蒙

很多报刊开设了教育专栏和文化栏目，传播现代科学知识和新文化思想。如《山东新潮》经常刊登启蒙性的文章，宣传科学精神和民主理念。

（3）文学创作与地方文化的结合

报刊不仅是新闻的载体，也是文学创作的重要平台。许多济南报刊刊载了大量小说、诗歌和散文，既反映了新文学运动的潮流，也展现了地方文化的特色。

（4）广告与实用信息服务

商业性报纸如《山东日报》则注重刊登商业广告和实用信息，为济南的商贸活动提供了重要支持。

五、济南出版业的社会影响

五四运动之后，随着新文化运动的深入和马克思主义在中国的传播，各种宣传新文化和新思想的报刊如雨后春笋般涌现。

1921年5月，共产党人王尽美和进步人士王翔千、王复元等，在《大东日报》的基础上创办了《济南劳动周刊》，后改名为《山东劳动周刊》。

继《济南劳动周刊》创办后，鲁佛民也于1921年秋在济南创办了《平民日报》、1923年8月创办了《晨钟报》，同时还有《现代青年》《济南工人》《铁路工人》等一批革命刊物相继创办。这些刊物与《泺源新刊》一样，通过多种方式，勇敢地揭露了帝国主义的无耻侵略行径，大胆抨击了北洋军阀政府祸国殃民的卖国罪行，积极支持山东人民开展的反帝反封建爱国斗争，从而有力地推动了山东革命形势的蓬勃发展。

济南出版业的发展对地方社会产生了深远影响。首先，它促进了新文化思想的传播，为地方知识分子和青年提供了思想启蒙的资源。其次，出版业的繁荣推动了地方教育的发展，使更多人有机会接触现代知识和文化。最后，出版业刺激了济南的经济发展，印刷厂和书店的增多不仅创造了就业机会，还形成了一个与文化相关的经济网络。

（1）传播新思想与推动社会变革

济南报刊通过广泛报道时事和刊载评论文章，有力推动了五四新文化运动在地方的传播，促进了民众思想觉醒和社会进步。

（2）教育普及与青年启迪

报刊注重普及教育和文化知识，为青年提供了了解社会、学习新知的平台。

济南报刊通过刊登地方文学作品和民俗文化文章，记录并传播了济南的地域文化，为地方文化的保护和弘扬作出了贡献。

六、20世纪初济南出版业面临的挑战与转型

尽管20世纪初的济南出版业取得了显著成就，但也面临一些挑战。例如，市场竞争的加剧导致一些小型书坊和出版社难以生存；新旧文化的冲突使出版物的内容取向充满争议。此外，随着战乱和政治动荡的加剧，出版业在20世纪30年代后期面临了更大的生存压力。然而，这些困难并未阻碍济南出版业的持续发展，反而在某种程度上推动了其不断探索与转型。

　　综上所述，20世纪初的济南出版业在新旧交替的社会背景下，迅速崛起并焕发出活力。它不仅是地方文化变革的重要参与者，也是推动新文化思想传播的核心力量。从传统书坊到现代出版社，从古籍出版到新思想书籍的引入，济南出版业的发展轨迹反映了这一时期中国社会的巨大变革。它为地方文化的现代化奠定了基础，也为我们理解那个时代的文化变迁提供了重要的观察视角。这一时期济南地区出版业的蓬勃发展，为《泺源新刊》的创办提供了丰厚的土壤和客观条件。

第三章
《泺源新刊》创立的直接原因

第一节　五四运动在山东

　　清末民初，中国社会处于内忧外患的风雨飘摇之中。一方面，列强的侵略和不平等条约使中国逐渐沦为半殖民地半封建社会，国家积贫积弱。另一方面，辛亥革命虽然推翻了清王朝，但共和体制并未兑现民主与自由的承诺，政局混乱、民生困顿。这种内外交困的环境促使一批包括学生在内的知识分子反思传统文化的弊端，试图寻找一条救国之路。在此背景下，新文化运动以批判封建传统、倡导民主和科学为核心，为中国社会注入了新的思想动力。

　　1919年五四运动爆发后，在社会各界爱国人士的共同推动下，迅速发展成为一场全国性的反帝反封建的革命运动，革命火种在全国播撒开来。因此，五四运动期间各地之间如何实现同频共振成为五四运动研究的一个重点。常见的研究思路是"五四运动在某地"，这就使"无论是作为思想文化运动还是作为反帝爱国运动的五四运动，都是一个从北京中心特别是从一校（北京大学）、一刊（《新青年》）延展出去进而扩散到各个地方的运动，在各省开展的五四运动由此就成为北京中心的延伸版、影响版和缩微版"❶，从而导致在五四运动的研究中缺失"地方"视野，忽视了地方特性与内涵。此外，"或限于史料，或限于对既有研究路径的依赖，我们对五四运动在乡村民众之中的扩展还知之甚少"❷。因此，研究"五四运动在山东"，要特别注意从本地视角出发，梳理本地的文献资料。对于《洣源新刊》的出版和传播的研究，就是基于这样的目的而进行的。

一、山东知识分子在五四运动中崛起的必然性

众所周知，山东并不是新文化的发源地，其发源地及中心区域是北京和上海两大城市。此时山东新文化的发展并不理想，仅限于山东新文化的主将及其少数追随者，时人评价道"山东虽是中国旧文化发源地，但讲到现代的新文化，却幼稚得很"❸，山东文化界的主流声音依然是尊孔复古的。不过，这一消极的局面在五四运动后发生了明显转折。五四运动为新文化在山东打开了大门，而此时新文化运动在山东的兴起与马克思主义在山东的传播紧密相连。与自由主义思想一开始在山东的水土不服不同的是，马克思主义在山东的传播是除北京、上海最早的区域之一。随着群众运动，《新青年》《资本论》《唯物辩证法》《俄国革命史》等书刊在济南的销售数量剧增，反映出此时山东文化界对于新文化已经有了一定的接受能力。

---

❶ 瞿骏. 勾画在"地方"的五四运动 [J]. 中共党史研究，2019（11）：109-119.
❷ 卞冬磊. 五四运动在乡村：传播、动员与民族主义 [J]. 二十一世纪（双月刊），2019（04）：90-102.
❸ 佚名. 时评 [N]. 晨报，1920-10-07.

1919年5月4日，在全国范围内爆发了震惊中外的五四反帝爱国运动。"五四"因山东问题而兴起，故山东成了这场风暴的中心。受这场运动的影响，在山东境内掀起了一波又一波群众爱国运动的高潮，"尤其是请愿运动活动时间之早、坚持时间之长、各阶层群众参与面之广，都以山东为最"❶。而群众运动的进行，也引发了空前的思想解放，从而加速了新文化在山东的传播。

山东的知识分子在五四运动中的崛起，有其历史必然性。

第一次世界大战期间，帝国主义暂时减缓了对中国的侵略，客观上为中国民族资本的发展提供了一个良好的契机。山东也不例外，随着民族资本主义经济的发展，形成了相应的阶级和人群。

辛亥革命的初步胜利给封建制度以致命打击，在很大程度上提高了民族资产阶级的政治、社会、经济地位，激起了他们投资近代工业的热情，使中国出现了一股兴办资本主义工业的热潮。尤其是第一次世界大战期间，因欧美帝国主义国家正忙于战争，无暇东顾，客观上为中国民族工业的发展提供了一个喘息之机，这一时期被誉为中国民族资本主义发展的"黄金时代"。

第一次世界大战爆发一直到五四运动结束，是山东经济发展的一个重要的历史时期。这一时期，山东的资本主义工商业及手工业都得到了很大程度的发展，并形成了一定的发展规模，扭转了萧条的局面。

根据北洋军阀政府农商部的统计："1916年山东注册的工厂有31家，资本总额达669万元，注册的公司有71家，当时山东的工厂和公司

❶ 魏建，等. 齐鲁文化通史（近现代卷）［M］. 北京：中华书局，2004：14.

总数有785个。"❶

总体来看，这一时期山东经济处于一个上升状态，特别是资本主义的工商业、手工业都有了显著的发展。虽然这一时期山东经济仍以轻工业为主，但是重工业在这一时期也取得了很大的发展。经济的发展不仅为山东知识分子的成长提供了必不可少的物质基础，也为知识分子参加爱国运动提供了必不可少的保障。

二、济南学界对于五四运动的响应

山东地区历史悠久，是中华文明重要发祥地之一，素有"齐鲁之邦""礼仪之邦""孔孟之乡"等美誉。夏商时期，山东曾是国家统治的核心区域。西周实行"封邦建国"之策，封吕尚于齐，封周公旦于鲁。齐、鲁两地因人文环境、地理条件等的不同及治国方略的差异，形成了"齐文化"和"鲁文化"两种不同风格的地方文化。战国末年，随着民族融合和人文同化的推进，齐文化与鲁文化逐渐融合，取长补短，形成了既重视传统又极具开拓创新的齐鲁文化。❷后齐鲁文化多用来指代山东地区的地域文化。

鸦片战争后，山东成为列强争夺的焦点，西学在殖民者枪炮的掩护下渗透到齐鲁大地，深刻影响着山东的区域文化。有学者指出，19世纪中叶后的一百年，齐鲁文化的精神传统发生了历史性的转化。❸

---

❶ 安作璋. 山东通史（近代卷）[M]. 济南：山东人民出版社，1995：411.

❷ 徐建勇. 弘扬儒家优秀传统文化，树立民族文化自信[J]. 人文天下，2016（15）：14—17.

❸ 魏建. 齐鲁文化精神传统在近现代山东的历史转换[J]. 山东社会科学，2004（2）：23—25.

自1901年山东巡抚袁世凯奏请创办山东学堂开始❶，山东便进入学习近代西方教育制度，创办新式学校的时期。❷山东地区自古以来就有"尊师重教"的传统，在巡抚周馥、杨士骧等人的推动下，创办山东法政学堂、山东高等农业学堂等实业学堂、师范学堂及女学堂，使学堂教育得到推广，学堂数量显著增加。

清末民初，山东大力推广新式教育，颁布了很多行之有效的措施，为新式教育的发展和山东的近代化培养了大批人才。

除了各种官办学校，山东地区还有不少外国教会创办的西式学校，中小女学校及各教会设立的所谓教会学校也不在少数。据统计，1863—1916年，外国教会在山东共创办七十余所学校。❸迟塚丽水（1867—1942年）是日本明治大正时期的作家、新闻记者，1914年12月来山东游历，在游记《山东遍路》中记载了济南的女学生盛装打扮、端坐在独轮车上去上学的景象。❹

五四运动爆发后，济南学界迅速以学生为主力，掀起了一场爱国主义和思想启蒙的高潮。五四运动传到济南后，山东高等学堂、济南中学堂等教育机构的学生，纷纷响应北京学生的号召，组织了声援活动。他们通过集会、游行、罢课等形式，表达对民族危机的不满和对爱国主义的支持。

---

❶ 1901 年 11 月，山东巡抚袁世凯批准将济南泺源书院改为"山东大学堂"，这是中国最早的一所省立大学.

❷ 魏建，唐志勇，李伟. 齐鲁文化通史·近现代卷［M］. 北京：中华书局，2004：495.

❸ 山东省地方史志办公室. 山东省志书大全·图志部［M］. 济南：齐鲁电子音像出版社，2006：490.

❹ 宇野哲人. "支那"文明记［M］. 东京：大同馆，1912：135.

这些活动不仅在济南城内轰动一时，也吸引了周边地区知识分子的参与。

济南学生的反应不仅限于抗议活动，更体现在他们对社会问题的关注和实践中。他们成立各种社团，撰写文章，揭露北洋政府的腐败和无能，宣传民族自强的思想。例如，一些学生在游行时高喊"拒绝列强侵略，维护国家主权"的口号，呼吁市民支持国货，抵制日货。这些行动反映了济南学界对五四精神的认同和对社会现实的深刻关注。

1919年爆发的五四运动与山东问题密切相关。在山东，"反帝"主要是指反日本帝国主义，故日本特别关注这场运动后山东等地的民众对日情绪。1920年，日本在上海的东亚同文书院恢复了因五四运动爆发而中断一年的"大旅行调查"，组织第16期学生分为14个"调查班"开展实地"查访"，为侵华战争打前哨。这些日本学生历时两个月踏查东北、华北、华东、西南各地，并将实况记录整理为31卷"调查报告书"，其中，第31卷是《在"支那"内地排日、排货之状况》。从调查报告书的内容可以窥见山东各地对五四运动的反响及对日态度。

东亚同文书院的学生调查发现，山东省的反日中心是济南。书院学生想去齐鲁大学参观，却被该校学生拒之门外。书院学生看到路旁的中国学生时，总觉得他们似乎在用"这些倭奴来干什么"的眼光看着他们。"然而，他们的排日手法还很幼稚，没有达到像北京那样。一天，我们到济南城内参观，这时有人从背后朝我们投来石块，一看有几个'支那'学生对我们说粗话。像这样的事情在我们50天的旅行中是第一次遇到，甚感不快。以前听说过济南学生态度粗暴。"❶不过学生也提

---

❶ 刘柏林. 五四运动后上海东亚同文书院学生眼中的中国. ［J］. 文化发展论丛，2018（1）：85.

及中国当局最近对这种行为严加管制，此类事件已逐渐减少。广智院博物馆一般是向中国人展示日本人的风俗，但书院学生感觉那个展览不是在宣传"亲日友好"，而是在介绍如何反日。总之，这些日本学生认为当地的学生及政商军各界都沉浸在反日氛围中。这些日本学生自然不会从深层次上思考中国人民反日抗日运动的根源，但他们留下的调查报告书和旅行日志较为客观地反映了当时山东社会现状和对日感情的实态，从中可以看出山东民间对于帝国主义已经有了警惕与反抗的意识。这无疑要归功于五四运动中学生群体的大声疾呼，是他们开启了民智，点燃了人民反抗的火苗。

三、济南各高校学生直接参与五四运动

山东是五四运动的起点，正是山东的青岛问题引发了五四运动。刘家宾指出，山东五四运动具有发动较早、行动较快、具有广泛的群众性、遍及全省各地、延续时间较长的特点。❶杜秀认为，山东五四运动的特点为运动发动时间早，运动响应的地区和阶层广泛，直接和侵略者、卖国贼斗争，运动持续时间长。❷梁华栋认为，山东人民在五四运动中较早也较好地形成了爱国统一战线。❸有的研究者选择研究山东五四运动中的参与群体。有对山东五四运动的整体群体进行研究的。例

---

❶ 刘家宾.五四运动在山东及其特点[J].山东师大学报（哲学社会科学版），1982(3)：33-35.

❷ 杜秀.论五四运动在山东的特点[J].山东省青年官吏干部学院学报，1999（3）：26-29.

❸ 梁华栋.简论五四运动中山东爱国阵线的特点[J].山东师大学报（哲学社会科学版），1987（2）：35-38.

如，王静对五四爱国运动中的山东民众心态进行了一定程度的描绘。同时，也有对单独的群体进行研究的。❶山东五四运动的主要发起者就是学生。当时的学生群体是受西方思想启蒙较早的群体，思想十分活跃，所以学生群体对山东五四运动的参与也是较多的。王继春介绍了中国共产党的重要代表性人物王尽美在山东五四运动中的作为。❷刘镇对山东五四运动的另一代表性人物王乐平进行了研究。❸季剑青以王乐平、王尽美、王祝晨、臧克家等人为例，探讨了山东五四运动后新文化对社会产生的潜移默化的影响。❹

山东省立第一师范学校（省立一师）在五四运动中发挥了领导作用。其中，在1919年6月3日，北洋军阀政府为了镇压学生爱国运动，大肆逮捕学生一千多人。北京学生立即通电全国，紧急呼吁全国学生支援。消息传到济南，学界群情激愤，共谋响应。6月8日，在北京准备留法勤工俭学的原省立一师学生孙鸣岗，奉派专程返济，传达北京学生被捕的经过，呼吁济南学生声援。当晚在一师大礼堂召开了大会，由孙鸣岗作了报告。会后，由当时的学联会长赵绍谦和学联的其他几个负责人，又和孙鸣岗一起开了一个会。就是在这个会上，一致决定发动济南全市的大罢市，并立即提请由省议会召开各界大会。第二天（1919年6

---

❶ 王静. 五四爱国运动中的山东民众心态研究［D］. 武汉：武汉大学，2022.

❷ 王继春. 王尽美在五四运动中［J］. 山东师院学报（哲学社会科学版），1979（3）：22-25.

❸ 刘镇. 五四时期的王乐平［J］. 齐鲁学刊，1982（3）：23-26.

❹ 季剑青. 地方精英、学生与新文化的再生产——以"五四"前后的山东为例［J］. 现代中国文化与文学，2009（2）：34-37.

月9日）上午，由省议会出面召开了全市各界代表大会，并决定了济南大罢市。至于罢市的具体办法，则由学联和所领导下的学商联分别负责办理。❶最终在学生的组织下，在1919年6月10日，济南爆发了罢市斗争，掀起了山东五四运动的又一次高潮。

当时山东还有五四运动中的学生组织"十人团"。这是由北大校长蔡元培在五四运动中提出的组织方式❷，即先由宣传爱国运动的一个人发展团员十个人，十个人各再发展团员十个人，十个人又发展十个人，如此分途并进，组织便迅速地发展壮大起来，分布到各阶层中去。"十人团"是学生联系群众的基层组织，是学生的有力助手。"十人团"的动员效果是十分不错的。"济南当时各商店店伙差不多都成了团员，这个组织给罢市和抵制日货铺平了道路。"❸这种组织只有北京和济南在实践。

"十人团"不仅在山东的五四运动中发挥了重要作用，也让爱国学生得到了锻炼。我们可以看到，他们在成立进步刊物、进步团体中都有这种组织性极强的特点。尤其是山东省立第一师范学校，学生的组织力、行动力都很强。

自从五四运动爆发以后，省立一师学生会以校处西门大街商业地区为中心，每日出动到大街上进行爱国反日的宣传讲演活动，颇得周围商家

---

❶ 中国人民政治协商会议山东省委员会文史资料研究委员会. 山东文史资料选编（第五辑）［M］. 烟台：山东蓬莱印刷厂，1983：142.

❷ 张公制，邵次明，杜星北. 关于"五四"时期山东学生运动的回忆［M］// 山东省历史研究所，山东大学历史系. 五四运动在山东. 济南：山东大学出版社，1980：32.

❸ 同❷.

的同情和拥护。许多中小商人激于义愤，自发地响应学生号召，提出检
查、抵制日货等许多办法，并和学生一道进行检查、抵制日货的活动。
当时两个大的商会，由于掌握在张子衡、穆伯仁等大资本家手中，他们
靠勾结政府，贩卖日货，获利极大，所以暗中百般反对抵制日货。根据
以上情况，省立一师学生会代表学联和一些热心爱国的中小商人，经过
协商，组成了学商联合会，进行检查、抵制日货的活动。这样一来，声
势立即增大，许多商家也踊跃参加，大有取商会而代之之势，最后连
商会中的几个头子如张子衡之流，也不得不来参加这个学商联合会了。❶

　　1919年6月10日，山东济南的罢市活动开始。尽管遭到了军警的镇
压，学生与商人仍然坚决执行着前一天会议的决定。据石愚山回忆，其
中省立一师的学生起着领导作用：

　　　　六月十日这天清早五点钟左右，第一师范（省立一师）的
　　　学生们，由组长带领，陆续出发，到达预先规定的地区（西
　　　门大街西头）后，发现大街上军警密布，警戒森严，如临大敌
　　　（以后才知道，发动当局早已得到罢市的情报），此时街上行
　　　人渐多，各商店也都开了门，到六点钟（事先规定的罢市时
　　　间），学生们从怀中抽出小白旗高举摆动，高喊着罢市的讯
　　　号。这时各学校学生一见号令，立即通知各商店："罢市开
　　　始"，各商店伙友一见通知，立即上门板，关店门。而反动政

────────────

❶　中国人民政治协商会议山东省委员会文史资料研究委员会. 山东文史资料选编（第
五辑）［M］. 烟台：山东蓬莱印刷厂，1983：143-144.

府指使下的军警见罢市开始，便冲向各商店进行干涉，不准关门。学生们见军警阻拦，也随即赶上前去劝阻。在一片混乱声中，从西门大街西头到院东一带，绝大多数商店都关了门，罢了市。不肯关门的有山东银行、瑞福祥等两三家大商号，后经学生们的动员劝说，也关了门，和别家的商店一道罢了市。与此同时，从商埠到西关、南关、东关等处也都罢了市，全市的大罢市实现了。各商店罢市以后，店员们，中小商人和市民们，都跑出来了，跟着各校学生队伍举行了游行示威。❶

五四运动中，女性也不断觉醒，在抵制日货的过程中，济南女子师范学校的学生表现得尤为突出，"她们号召同学不穿洋布，不坐洋车，不乘日本人管理的胶济路火车"❷。

济南女子师范学校的学生鞠文英在与军警的抗争中表现的尤为突出，为了打破政府对学生的禁锢，她奋不顾身把腿插到门缝里，使军警没能关门，学生队伍便一拥入城。这类英勇事迹，大大鼓舞了学生们的斗志。

在山东五四运动的过程中，山东学生群体有组织地向其他群体传播了北京五四运动的消息，目的是激发人民爱国热情，进而促使各群体加入山东的五四运动。山东学生在这场运动中，组织性得到了锻炼。

---

❶ 中国人民政治协商会议山东省委员会文史资料研究委员会. 山东文史资料选编（第三辑）[M]. 烟台：山东蓬莱印刷厂，1983：165-166.
❷ 济南师范学校. 王尽美遗著与研究文集 [M]. 北京：中共党史出版社，2009：4.

其中，山东省立第一师范学校的学生起到了积极的领导作用，可以说这样的实践活动，也是促使《泺源新刊》在省立一师的校园中诞生的先决条件之一。

与其他区域相比，孔孟之乡的人情风俗带有明显的地方性色彩。20世纪初，作为山东省会的济南，虽然地处北方，但在五四运动及新文化运动中表现出了高度的热情与积极的响应，成为这一全国性思潮的重要参与者之一。济南学界的知识分子和学生不仅积极投身思想启蒙和社会变革的浪潮，还结合当地实际展开了别具特色的文化探索和社会实践。

第二节　大批进步刊物的创立

五四运动之前，山东经销各地出版物的机构，主要是"山东教育图书社"和"山东官书局"。而这两所机构对新文化运动似乎并不感兴趣，这就造成了有关新文化的刊物在山东不太流行的状况。

随着五四运动的风起云涌，群众对新文化刊物的需求日益增长。为了满足这种需求，大批的进步刊物开始涌现。以学校师生为主体的进步知识分子在创办进步刊物的过程中发挥了极其重要的作用，他们创办了诸多具有进步意义的刊物，积极宣传新文化和新思想，大力倡导对中国社会进行改造。随着五四时期各种进步刊物的创办，马克思主义在山东广泛传播。受此影响，大批青年学生积极参与创办进步刊物，新文化运动的队伍得以发展壮大。

以王乐平为代表的进步青年于1919年10月创办了齐鲁书社。书社以传播文化为宗旨，不纯粹以营利为目的，主要为了促进社会文化的进步，着重发行进步杂志，使各地的优秀出版物在山东广泛传播。这些出版物的内容多种多样，以宣传马克思主义为主，受到青年知识分子的欢迎。通过齐鲁书社，当时原版的马克思主义著作、介绍马克思主义和十月革命的著作，如《资本论入门》《唯物辩证法研究》《俄国革命史》《社会科学大纲》等，以及《新青年》《每周评论》《曙光》《新潮》《莽原》等进步报刊，在山东进步青年中间广为传播。齐鲁书社的经营活动，推动了马克思主义在山东的传播。这种情况引起了当时人们的极大关注。

五四运动之后，在新思潮的冲击下，山东思想界行动起来，纷纷组建社团。济南的学生们积极开展学术研究活动，团结一批批志同道合的青年，形成了一个个进步社团。其中代表性的组织有省立一师学生王尽美、省立一中学生邓恩铭组织成立的励新学会，从一开始的"改造社会"到后来的"社会革命"，学会明显向马克思主义靠拢，创办《励新》杂志，被时人评价为是"济南文化之曙光"[1]；山东学生联合会创办的《新山东》，如同刊名一样，其内容包罗万象，但主旨明确，聚焦如何建设"平民专政"的山东、"自由平等"的山东；省立一师的学生自治会出版部编辑出版了《洙源新刊》。

《洙源新刊》与20世纪初的很多报纸杂志有着相同的特点，"报刊不分"，前期更像报纸，后期则接近杂志，内容则以介绍新刊物、宣传新思想、揭露社会陋习、批评旧教育、倡导新教育的改革为主，"是山东五四运动后期创办的新刊物中出版期数最多、办刊时间最长的刊物"[2]。

1920年10月，山东省立一中学生自治会主办的校报刊出了《灾民

---

[1] 佚名. 时评 [N]. 晨报, 1917-01-27.

[2] 吕伟俊. 山东区域现代化研究（1840—1949）[M]. 济南：齐鲁书社, 2002：134.

号》，省立一师学生自治会创办了《泺源新刊》，山东省立第三师范学校（省立三师）出版了《三师周刊》。❶

这些学生社团的活动以及他们创办的期刊，进一步推动了新文化运动在山东的传播。

这些进步刊物关注政治变革、关注时局，刊发了大量政论文章。社会政治方面的有徐其昌的《我国衰弱尚有挽回的希望》，韩式仪的《新旧》，陈汝美的《自治》，孟宪栋的《刷新乡民思想的一个好办法》，范竹铭的《难民根本救济的研究》，滕耀宗的《警告新年的资本家》，邓恩铭的《灾民的我见》《改造社会的批评》《克鲁泡特金略传》《成年补习班与工学主义》；文化教育方面的有王尽美的《乡村教育大半如此》《我对于乡村教育的根本怀疑》《山东的师范教育与乡村教育》，韩式仪的《年级制度与个性发展》，杨泰蜂的《我之白话文教授观》，王祝晨的《文化新介绍——〈文学号〉再版序》，陶士英的《学生自治的真精神》，吴瑞光的《国文必须改革的理由》，赵清廉的《国民教育腐败之原因》，于其惠的《新文化应该怎样提倡》；社会生活方面的有孙启贞的《男女为什么要平权》，赵锡绶的《妇女解放根本的问题》，李伯衡的《怎么还不拿女子当人呢》，赵振寰的《旧式婚姻的弊害》，王俊瑞的《女子装束问题》；科学思想与技术方面的有靳鸿训的《科学与宗教》，蒋宪朝的《桑苗之整理》，石毓菖的《种痘之利益》，刘菊华的《山东桑蚕业不发达的原因和将来补救的方法》等。刊发文章涵盖政治、经济、思想文化、社会、科技等多个领域，其涉猎之广泛，反映

❶ 吕伟俊. 山东区域现代化研究（1840—1949）［M］. 济南：齐鲁书社，2002：269.

出鲁省民众视野的开阔和思维的活跃程度，也显示出进步人士思想变化的趋势。

在这些进步期刊的影响下，教育界一大批教师接受了先进思想和新文化，影响了大批青年学生。"青年们改变了以往那种安安稳稳埋头于古纸堆而'不去管社会怎样，人类怎样'的人生态度，普遍地'有了觉悟'，注意到除老实读书以外，个人和社会、和人类还有种非常重大的关系，进而对从前一切的制度、学说、风俗等等都发生了不满意，'都从根本上怀疑起来'。"❶

《新青年》《新潮》《平民教育》《国民》等进步杂志在传播新思想、新文化方面取得了良好的社会效果，"以其鲜明的个性，崭新的内容，浅显易懂的文字，颇为广大青年读者所喜爱，广泛流传于山东各地，甚至在乡间都能看到"❷。

各类进步报刊的创办，为山东地区的有识之士提供了传播新思想和文化观念的平台与阵地，从而极大地促进了新文化、新思潮在山东的广泛传播。同时，进步刊物的创办，对启迪民智、提高民众觉悟产生了积极的影响，对于宣传新思想、传播新文化、改善社会风气、进一步推动社会变革发挥了极其重要的作用。

❶ 刘大可. 辛亥革命与山东社会变迁研究——纪念辛亥革命100周年［J］. 济南大学学报（社会科学版），2011（5）：9.
❷ 吕伟俊. 山东区域现代化研究（1840—1949）［M］. 济南：齐鲁书社，2002：255.

第三节　五四运动与新文化运动在山东发展的特色

　　山东学界对五四运动及新文化运动的响应展现出鲜明的地方特色，既表现出对传统文化的传承和尊重，又体现了积极融入新文化思想、增强社会现代化的意识。作为齐鲁大地的文化中心，山东地区的学者们在继承儒家文化的基础上，探索如何将传统与现代相结合，形成了中西合璧的独特文化氛围。他们在思想上既批判传统文化的弊端，又对儒家思想中的合理成分给予肯定，并在这一过程中实践了五四运动中提出的"批判继承"的精神。

一、批判与继承的文化态度

　　山东学界在响应五四运动时，展现了非常审慎的文化态度。五四运动的核心之一是对中国传统文化的批判，尤其是对儒家思想的质疑。儒家文化在中国几千年的历史中，深刻影响了社会结构和民众思想，尤其是对家庭、社会等级和道德伦理的强调。然而，山东的学者们在批判传统文化时，不是盲目否定，而是注重其中有益成分的继承与发扬。这种"批判继承"的文化态度，体现了对传统文化的深刻思考，并在现代化进程中保留了必要的文化根基。

在山东青年知识分子中，作家群体占据着很大的比重。他们对传统儒学进行了理性思考。他们所追求的不是用新道德来代替旧道德，而是把传统中的精华应用于所处的时代。儒家的传统道德范畴像"仁""忠""礼""义""孝"等，在五四作家眼中，逐渐被"人""爱""自由""公平"等新的道德观念所取代或置换了。在他们的作品中，无论思想表现得多么偏激，源于齐鲁文化精神传统的道德诉求依然顽强地存在于他们的内心。

二、推动社会现代化与地方经济发展

在经济发展和社会进步方面，山东学界也提出了独特的见解。五四运动的思想启蒙，不仅集中在文化与教育的改革上，还体现在对社会和经济结构的反思和革新上。济南的学者们认识到，社会的现代化不仅需要思想的解放，还需要经济的繁荣。他们主张通过教育改革来推动社会进步，同时也非常关注地方经济的发展。

山东学者在这一时期提出，只有通过发展地方工业和农业，才能真正实现社会的现代化。学者们认为，山东作为一个农业大省，应当利用其丰富的土地资源和人力资源，推动农业现代化进程。与此同时，他们呼吁加强地方工业建设，发展煤矿、钢铁等重工业，以推动地方经济的发展。通过经济发展的带动，山东学界希望能够实现社会的全面进步，推动山东地区逐步走向现代化。这些主张不仅为当地的经济建设提供了思想支持，也为后来山东，尤其是济南的社会变革提供了理论依据。

三、济南学界的社会责任感与文化觉醒

20世纪初，济南学界对五四运动的响应不仅停留在文化上的批判和思想启蒙上，还表现在知识分子和学生群体的社会责任感上。济南的学者们意识到，社会进步和国家强大不仅依靠先进的思想，还要依靠扎实的行动。因此，他们在思想传播、文化建设及社会改革中，始终保持着积极的态度和责任感。

济南的知识分子和学生们通过参与新文化运动，推动白话文的普及，倡导民主、科学与平等，帮助当地民众摆脱封建思想的束缚。此外，济南学界在实践中也积极响应国家的号召，参与社会改革和思想启蒙工作。例如，一些学者参与了民众教育工作，开办了新式学校，普及科学与文化知识，推动了教育的现代化进程。这些行动和思想贡献，展示了济南学界对五四精神的实际践行。

济南学界的文化觉醒，不仅推动了济南地区的文化和社会进步，也为中国现代化进程积累了宝贵的经验。这一地区的知识分子通过实际行动支持五四精神，推动了新文化的传播，并为后来的社会变革和文化发展提供了源源不断的动力。他们通过对新文化思想的地方化实践，为济南的文化创新与社会现代化打下了坚实的基础。

四、济南学界对《泺源新刊》创立的贡献

济南学界的这种文化觉醒和社会责任感，也为《泺源新刊》的创立提供了重要的思想支持和人力资源。作为新文化运动的重要代表之一，《泺源新刊》的创办正是在济南学界的支持下得以实现的。济南的知识分子不仅参与了该刊物的创办工作，而且还通过自己的学术贡献和思想

引领，帮助《泺源新刊》成为传播新文化思想的重要平台。可以说，没有济南学界的积极响应和支持，就没有《泺源新刊》所需要的群众基础和思想资源。

济南学界在五四运动及新文化运动中的响应，既展示了其批判传统文化的勇气，又体现了对传统文化中合理成分的尊重。他们不仅在思想领域提出了创新的观点，还通过实际行动推动社会的现代化与进步。济南学界的这种地方化实践，不仅推动了当地文化的转型，也为中国的现代化进程作出了重要贡献。

第四章
《泺源新刊》的创立

第一节 《洓源新刊》的出版概况

1919年，在巴黎和会上，中国作为战胜国之一，提出了废除帝国主义在中国的特权和取消"二十一条"等要求。然而，西方列强完全没有考虑中国战胜国的身份，反而将德国在山东的权益转交给日本。这一行为打破了国内各界对西方列强的幻想。

巴黎和会的外交失败激起广大民众的强烈不满，从而导致了声势浩大的五四爱国运动。在这场运动中，山东民众展现了前所未有的政治热情和坚定的斗争意志，无论是从地域范围还是从参与者构成来看，这场运动都表现出了空前的广泛性。

从地域范围来看，山东的五四爱国运动并不局限于省会济南，而是波及全省的大部分城市，乃至一些乡村。从参与者构成来看，包括社会各阶层的民众，特别是以学生为代表的先进知识分子发挥了领导作用。

五四运动极大地激发了广大民众的爱国热情，"上自士大夫，下至

贩夫走卒，无不痛心疾首，必欲争回权利，得国贼而后心甘者"❶，虽
"七八岁之童子，亦均有爱国之精神"❷。

在民族存亡的危急关头，当时的山东报刊大胆地揭露和无情地批判
了帝国主义的侵略行为和北洋军阀的卖国罪行。

山东报刊对推动五四运动发挥了积极作用，对爱国运动给予了大力
支持。除了由日本人办的《济南日报》及皖系军阀控制的安福系《昌言
报》等少数报刊顽固抵制五四运动、诋毁爱国学生，其他大多数报刊都
坚定地站在爱国群众这边，对五四爱国运动给予了积极响应和大力支
持。这些报刊除了广泛报道全国、全省各地爱国运动情况，还号召开展
抵制日货运动。有的率先垂范，办报"所用之纸墨等料，如系日货，概
不准用，改用国货"❸。有的报纸拒绝刊发日商广告，如1919年5月8日
《大东日报》发表声明："自即日起，概不登载日商广告。"❹这种以
实际行动支持五四时期提倡国货、抵制日货运动的举措，有力地推动了
五四反帝爱国运动的发展。

山东的进步学生在五四运动中发挥了极其重要的作用，他们积极参
与五四爱国运动，同时纷纷创办报刊，揭露封建军阀的专制、腐败与卖
国罪行。《洣源新刊》就是在这样的背景下，在山东省立第一师范学校
的校园里诞生了。

---

❶ 吕伟俊. 山东区域现代化研究（1840—1949 年）［M］. 济南：齐鲁书社，2002：265.
❷ 吕伟俊. 山东区域现代化研究（1840—1949 年）［M］. 济南：齐鲁书社，2002：
265-266.
❸ 同❶.
❹ 同❶.

一、创刊地点

《泺源新刊》创刊于1920年10月1日，它是山东省第一师范学校学生自治会出版的，其深深扎根于五四运动思想启蒙的土壤中。现存见山东省图书馆的有1~31期。❶

山东省立第一师范学校（省立一师）是全国最早的师范学府之一，是山东师范教育的开端、山东新文化运动的中心与传播地，在教育史、文学史、革命史上都具有重要地位。其前身是1902年10月建立的山东大学堂师范馆。在长达百年的岁月里，学校历经山东师范馆、山东师范学堂、山东优级师范学堂、国立山东高等师范学校、山东省立第一师范学校、山东省济南师范学校等发展阶段。

山东省立一师在民国时期主要经历了1912—1914年"国立山东高等师范学院"，1914—1934年"山东省立第一师范学校"，1934—1950年"山东省立济南师范学校"三个发展阶段。其中以1914—1934年的"山东省立第一师范学校"这一阶段最具代表性，影响也最深远。

在这一阶段，学校内不仅有王祝晨、杨晦、王森然、张默生、张乾一、时霁云等优秀的校长、文科教员，而且培养了包括臧克家、李广田、李长之、王希坚、季羡林、邓广铭等在内的许多知名诗人、作家、学者。

1930年，山东省立一师有学生15班、480余人，分为本科、专修

---

❶ 牟钧，纪镇西. 王尽美同志与《泺源新刊》[J]. 山东图书馆学刊，1982（4）：52-54.

科、讲习科、农村讲习科等。学校师资力量也很雄厚，48名教职员中，国内外大学毕业的有25人、高等师范毕业的有7人，具有高等学历者占到2/3。

山东省立一师这座历史悠久的教育殿堂，见证了多位杰出人物的成长过程。作为中国共产党的创始人之一，王尽美在此学习并投身革命活动长达三年，他的革命精神在这里得到了深刻的锤炼。烈士庄龙甲，也在这里受到了革命思想的启蒙。

学术界的泰斗们同样在这里留下了深刻的印记。著名学者季羡林、邓广铭，他们的学术生涯从这里起步，深厚的学识和严谨的治学态度在这里孕育。诗人臧克家，以其现代诗篇，赋予了学校浓厚的文化气息，他的才华在这里得到了充分的展现。

艺术界的璀璨之星也不乏其人。表演艺术家项堃在这里磨砺技艺，为艺术殿堂增添了独特的光彩。国外的教育家如美国的杜威和印度的泰戈尔，以及我国的胡适、梁漱溟等人，他们的思想和教育理念在这里产生了深远的影响。文学巨匠周作人、沈尹默，他们的文学才华和独特见解，为学校增添了浓厚的人文气息。

教育家黄炎培和陶行知，他们的教育理念在这里得到了实践和传播，为中国的教育事业做出了不可磨灭的贡献。山东省立一师，这座历史悠久的学府，不仅是知识的殿堂，更是孕育人才的摇篮，其丰富的历史名人足迹，构成了中国教育和文化发展的重要篇章。

二、刊物定位

作为省立一师学生自治活动的产物，《泺源新刊》体现了当时青年学生追求思想解放、反帝反封建的精神风貌。

　　创刊伊始，《泺源新刊》就明确了自己的宗旨和定位。在创刊词中，编者提出报纸的目标是"介绍新书刊、宣传新思想、揭露社会陋习、批评旧教育、倡导教育改革"。这一清晰的主张展现了学生编者的社会关怀与改革热情。创刊词还表达了对反封建旧制度的批判，强调以新文化运动为指导，推动教育和社会的进步。

　　在人员构成上，《泺源新刊》以学生为主导，主要工作人员包括王志坚等思想进步的青年。报纸的编辑工作采取班级轮换制，由不同班级轮流负责，这种运作模式既保证了内容的多样性，也体现了学生自治的精神。此外，稿件来源广泛，包括学校教职员工和学生投稿，反映了整个学校对报纸的支持。

　　出版时间方面，《泺源新刊》每周二、周六定期出版，通信处设在济南西门大街省立一师校内。这一规律的出版安排为学校师生及济南市民提供了一个稳定的信息与思想交流平台。

　　由于编辑团队主要为学生，《泺源新刊》的出刊会受到假期、资金不足等因素的影响。例如，在出版至第31期后，《泺源新刊》曾有一个多月停刊，直至1921年再次出版发行。在这之后，开本形式、出版周期都有了变化。"从前是单张，现在是本子；从前是半月刊，现在是周刊"❶。可见《泺源新刊》的出版虽有制度，但也相对灵活，容易调整。

❶　滕天宇，滕长富. 山东新文化运动马前卒《泺源新刊》［N］. 人民政协报，2022-05-09.

第二节　《洓源新刊》的创办意义及特色

　　《洓源新刊》是由山东省立一师的进步学生作为主要的创作团队创作并管理的。

　　学生自治是重要的学生训育制度和校园文化建设的载体，不仅是学校育人的有效途径，也是学校社会责任的体现。❶近代的教育家们也意识到学生自治的重要性，如陶行知、蔡元培等教育家都提倡学生应结起团体，以"养成自己管理自己的能力"❷。认识到学生自治的益处，各级学校开始成立学生自治组织。

　　《洓源新刊》由学生作为主要创作团队进行运用和管理，这一实践不仅体现了学生自治的重要性，也展现了学生在校园文化建设和社会责任中的积极作用。《洓源新刊》的创办意义主要体现在以下几个方面。

---

❶ 李力."自治是生活底方法"：民国时期大学生自治生活图景考论［J］.清华大学教育研究，2015，36（04）：118-124.
❷ 陶行知.学生自治问题之研究［J］.新教育，1919，2（2）：193-194.

1. 学生自治的实践平台

《泺源新刊》为学生提供了一个实践自治的平台。通过参与刊物的编辑、发行和管理，学生们能够亲身体验自治的过程，学习如何组织、协调和解决问题。这种实践经验对于培养学生的领导力、团队合作能力和责任感具有重要意义。

2. 培养学生的独立思考能力

在《泺源新刊》的创作和管理过程中，学生们需要独立思考选题、撰写文章和编辑内容。这种独立思考的过程有助于培养学生的批判性思维和创新能力，使他们能够形成自己的观点和见解。

3. 促进学生的社会参与

通过《泺源新刊》，学生们能够关注社会问题，发表自己的见解和提出建议。这种社会参与不仅有助于学生了解社会现实，也使他们能够为社会进步贡献自己的力量。

4. 体现学校的育人理念

《泺源新刊》的创办和管理体现了学校对学生自治的重视，也反映了学校的育人理念。通过支持学生自治，学校为学生提供了自我发展的空间和自我实现的机会，这有助于培养学生的独立人格和社会责任感。

5. 响应近代教育家的倡导

近代教育家如陶行知、蔡元培等都强调了学生自治的重要性。他们认为，学生应该通过组成团体，培养自我管理的能力。《泺源新刊》的实践正是对这些教育家理念的贯彻和落实。

6. 体现学生自治组织的职能

随着对学生自治认识的深入，各级学校开始成立学生自治组织。这些组织不仅为学生提供了自我管理的机会，也为学校管理和校园文化建设提供了新的思路和方法。《洣源新刊》由省立一师的学生创办及运作，体现了学生自治组织灵活自由、勇于表达、敢于创新的特点。

7. 学校社会责任的体现

支持学生自治，体现了学校对社会责任的承担。省立一师的历任校长如鞠思敏、王祝晨等都是著名教育家，他们通过培养学生的自治能力，学校为社会培养了具有独立思考和自我管理能力的公民，这对于社会的和谐发展具有重要意义。

综上所述，《洣源新刊》作为由学生主导的刊物，不仅为学生提供了自治实践的平台，也体现了学校对学生自治的重视和支持。这种实践对于培养学生的独立思考能力、社会参与意识和责任感具有重要意义，也是学校育人理念和社会责任的体现。

第三节　《洣源新刊》的栏目设置与风格

一、栏目设置

《洣源新刊》从创刊之初就秉承着鲜明的思想启蒙和社会批判的办刊方向。其核心宗旨是通过文字传播五四精神，推动社会进步和教育改革。这一宗旨在其栏目设置与内容风格中得到了充分体现。

报纸开设了多个颇具特色的专栏，如"论坛""学艺""通讯""本校纪事""小说"和"新诗"等，内容涵盖思想讨论、文学创作、社会观察等多个领域。"论坛"是报纸的核心栏目之一，主要刊登学生和教职员工针对社会问题、教育现状及思想启蒙的评论文章。这些文章充满了对旧制度、旧观念的批判，以及对新思想、新文化的推崇，展现了师生的社会责任感和改革意识。

"学艺"栏目聚焦于文学和艺术创作，是《洣源新刊》体现新文化运动精神的重要阵地。该栏目发表了许多白话文小说、散文和新诗，这些作品大多关注社会现实，富有时代气息。例如，学生创作的白话文小说，常常反映农村的封建习俗和城市的社会问题，具有深刻的批判性与启示性。

"通讯"和"本校纪事"则以新闻报道和校内活动为主，记录了学校自治活动和社会实践的成果。这种贴近实际生活的内容，使报纸成为学校与社会之间的桥梁，展现了学生自治的风貌和力量。此外，"小说"和"新诗"专栏则为文学爱好者提供了一个展示才华的平台，推动了新文学在济南的传播和普及。

二、刊物风格

《泺源新刊》的风格以锐利的批判性和鲜明的社会关怀为特点。尽管作者的立场和观点各有不同，但他们共同反对封建旧制度、抨击社会陋习，这使整份报纸充满了反帝、反封建的精神内核。它不仅是一份报纸，更是一面思想解放的旗帜，是学生群体表达思想、推动改革的舞台。

《泺源新刊》的创立不仅给学生提供了一个议政的平台，而且也能够锻炼他们写作、表达、激扬文字的能力。国文教学的主要目的之一是做文章。黄炎培认为，当时的学生在做文章时存在诸多问题："今学生作文最大弊病在涂饰肤泛，满纸多公家言，有肉而无骨。所谓肉者，亦肌理粗杂，张脉偾兴，骤观之累累然，细按之无一二语者题夫。初学作文，不美可也，不切不可。不富可也，不清不可。盖不美富可乐，不清切不可乐。"❶黄炎培认为，当时的学生所作文章"金玉其表，败絮其中"，文章表面看上去非常华丽，却不能切中题目要旨。

---

❶ 黄炎培. 黄炎培考察教育日记（第2集 山东直隶）[M]. 北京：商务印书馆，1916：29.

　　根据《浗源新刊》上刊载的文章，我们可以看出这个刊物的特色。《浗源新刊》注重的是准确的表达，没有堆砌辞藻和无病呻吟，文字表述准确、干练。同时，它所选取的文章没有过于偏重文艺，而是贴近社会现实，针对当时社会中存在的现象进行论析，做到了让语言文字真正地为生活和社会服务。

第四节 《洰源新刊》：新文化运动的地方回响

一、山东省立第一师范学校相关情况概述

山东省立第一师范学校为《洰源新刊》的创办及出版传播提供了保障与推动。

第一，校园教育环境与文化环境。

山东省立第一师范学校作为一所具有悠久历史的教育机构，在20世纪初期的教育环境中具有先进性和开放性。在鞠思敏、王祝晨等校长的带领下，学校进行了现代教育改革，积极引入西方教育理念与方法，推动了"新教育"的发展。这样的教育改革不仅为学校的教学模式带来了新气象，也为思想的自由讨论和创新提供了良好的环境。

学校提倡的民主、科学思想，与当时五四新文化运动的核心理念高度契合，培养了大量有思想、有理想的青年学子。因此，山东一师的校园文化环境成了新思想萌芽和传播的温床。正是这样一个充满变革氛围的环境，为《洰源新刊》的诞生提供了历史必然性。

第二，优秀的人才资源。

山东省立第一师范学校不仅具有先进的教育理念，还拥有大量优秀

的教师和学生资源。历任校长注重教育改革，强调思想启蒙，致力于培养具有社会责任感和进步思想的人才。在学校内，教师不仅是学术的传授者，更是思想和文化传播的引领者，他们营造了学校内的文化氛围，培养了许多具有新思想的青年。

这些毕业生成为社会的中坚力量，其中不少人参与了《洄源新刊》的创办和编辑工作，增强了刊物的学术力量，提升了刊物的思想深度。例如，学校培养的许多青年知识分子在思想上具有较强的现代意识，他们为《洄源新刊》提供了丰富的理论支持和文化资源。可以说，山东省立一师为刊物的创办提供了充足的人才储备，许多校内的进步青年成了刊物的创办者和积极参与者。

综上所述，山东省立第一师范学校的进步教育环境与优秀人才资源共同促成了《洄源新刊》的创办与发展。这一刊物不仅是省立一师文化氛围的体现，也是该校教育改革和思想启蒙成果的体现。

二、学校内外的地方知识分子的联系与支持

《洄源新刊》的创立与济南乃至山东地区的知识分子群体有着紧密的关系。这些知识分子不仅是新文化思想的传播者，也是《洄源新刊》创办与发展的积极支持者。济南的知识分子，尤其是省立一师的教师和学生，在五四运动中表现出极强的社会责任感。他们主动投身文化改革、教育创新和社会变革之中，成了《洄源新刊》的支持力量。

第一，地方知识分子的思想启蒙作用。

在五四运动之前，济南的知识分子群体大多受到传统儒家思想的影响，较为保守。然而，随着新文化运动的到来，济南的许多知识分子开始接受西方现代思想，并且逐渐走出封闭的文化氛围，拥抱科学与民

主。这些进步思想深刻影响了济南地区的学术环境，并且成为《浍源新刊》创立的思想基础。

济南的地方知识分子通过与北京、上海等地知识分子的文化交流，逐步接触到先进的思想潮流，尤其是马克思主义、民主主义、女权主义等思想。在这些思想的影响下，济南的知识分子开始呼吁对传统文化的反思与批判，推动社会改革。这一思想氛围为《浍源新刊》的出版与传播提供了理论依据。

第二，地方知识分子的支持与参与。

济南的地方知识分子不仅在思想上支持《浍源新刊》，许多人也直接参与了其创立与编辑工作。通过与省立一师的紧密联系，许多有志之士积极为该刊物提供思想和文章的支持。许多教师、学生及社会活动家加入《浍源新刊》的创办中。他们通过刊物传播新文化思想，推动社会意识的觉醒。

例如，王尽美、邓恩铭等革命家与进步思想家，都在这一时期参与了济南的文化和社会运动，他们在《浍源新刊》上发表过许多关于社会变革、教育改革和文化启蒙的文章。这些知识分子以他们的社会责任感和历史使命感，为刊物注入了强大的思想力量。

三、《浍源新刊》创立于省立一师有其历史必然性

《浍源新刊》的创立并非突如其来，它的诞生是历史、社会与文化多重因素交织作用的结果。省立一师的教育环境、济南的文化氛围，以及地方知识分子的积极参与，共同构成了这一刊物诞生的历史背景。从五四运动到新文化运动，再到济南地方文化的蓬勃发展，《浍源新刊》的创立顺应了这一时期思想解放和文化变革的历史潮流。

1. 历史背景的必然性

中国社会自晚清时期开始，就被迫卷入了以西方为主导的世界的现代化进程中。到了民国时期，各种社会冲突和矛盾加速暴露与激化。

在这种复杂、动荡、多变的社会大环境下，思想革新与社会变革交织在一起。以维新变法为肇始，以具有留学背景或从各种途径接受过新式教育的青年为代表的新文化的领路人，不仅把西方的器具和技术传入中国，而且有意无意地将现代的思想和文化传播到中国这个传统文化根深蒂固占据主导地位的社会之中。

在清末民初的"西学东渐"与现代教育革新、资产阶级民主革命与五四新文化运动等社会动荡与变革的时代大环境下，又位于山东这个传统教育的大省，省立一师从建立到发展一直处于活跃复杂的社会环境中。

一方面，山东巡抚周馥面对全国教育形势曾坦言："学贵善教，教先择师，东省学堂初立，尚少师范。"❶他着意发展山东省内的师范教育，并给予学校建设以大力扶持。另一方面，在辛亥革命和五四运动等时期，师生们的爱国革命运动受到了统治当局的重重阻挠：如孙宝琦在担任山东大都督时极力排挤革命力量，阻挠独立运动；山东省督军张树元、省长沈铭昌下令军警荷枪实弹包围学校，逮捕进步学生；五四运动后，山东军阀张宗昌任命王寿彭为教育厅厅长，辞退学校主张新文化运动的进步教员，聘任清朝遗老讲经读经，掀起尊孔复古的浪潮，并阻挠学生运动，破坏校内外进步社会团体，逮捕革命学生，邓广铭、邓广

---

❶ 张志勇. 师范春秋［M］. 济南：齐鲁书社，2002：16.

镇、王幼平、李广田等不少的进步学生被捕入狱。

这样动荡多变的社会环境，虽然为学校的发展建设和新文化的传播带来了一定的阻力，但同时在这种时代环境下，革命民主运动的蓬勃发展，使统治当局常常自顾不暇，对文化教育方面也难以进行有效的管理和制约，从而使学校能够有更多的机会获得其自主自由发展的空间。在"学者治校"的模式下，相对宽松的社会教育环境和文化环境，为学校对新生事物的自由攫取，以及新文学在改革后的现代校园内的引介和发展提供了相对良好的发展空间。同时，在动荡的社会局势与反动势力高压之下，人们即使缺少主动意识而处于被动的地位，也往往能够较为深切地体认到复杂的社会现实，从而更能直接或间接地激发起人们的自我意识、启蒙意识、抗争意识和较为迫切而强烈的民族精神。

面对反动当局的阻挠与破坏，山东省立一师的师生们始终能够融入争取民主、反对侵略压迫的时代大环境中，大胆无畏地进行着革命活动，表达爱国意志，宣传革命进步思想，并通过创立、出版各种进步刊物等方式，传播新的思想与观点。

2．社会与文化环境的必然性

《泺源新刊》的创办，与山东省立第一师范学校的教育改革密切相关。省立一师自成立以来，深刻影响了济南的文化氛围和社会变革。20世纪初，省立一师一直实行"学者治校"，几位校长都是身体力行的教育家。作为一所教育机构，省立一师不仅继承了传统的文化教育，更大胆引入了现代教育理念，为当地学子提供了开放的思想平台，推动了新文化思想的传播。因此，《泺源新刊》在省立一师的创立，几乎是水到渠成的事情。

省立一师的教育改革，为济南提供了先进的教育资源和文化氛围。

该校自创建以来，便致力于培养具有现代思想的青年才俊。在这里，学生们接受的是与时俱进的教育，教学内容不再拘泥于传统的儒家经典，而是引入了科学、民主、社会进步等新理念。这种开放的教育思想，使山东一师的学子们在思想上走在时代前沿，成为新文化运动的重要推动者。这些知识分子深受西方思想的影响，他们接受了启蒙教育，提倡批判旧有的传统文化，同时追求科学与民主的现代理念。在这种背景下，《洑源新刊》应运而生，成为济南及山东地区的新文化思想传播平台。

不仅如此，省立一师作为思想启蒙的阵地，也为《洑源新刊》提供了一个理论和人才的沃土。学校内的教师和学生，尤其是那些年轻的知识分子，对新文化运动有着深刻的认识与理解。他们认为，只有通过教育改革、文化启蒙才能推动社会的进步。在这种思想的指导下，学校的学者和学生们纷纷加入了《洑源新刊》的创办与支持之中。通过刊物的形式，他们可以向更多人传递科学、民主、自由等现代思想，同时也通过这份刊物挑战和批判旧有的封建文化，推动思想解放与文化变革。省立一师的文化氛围，激发了学生们的独立思考与创新精神。他们不再满足于接受传统的封建文化教育，而是渴望用新的方式来影响社会，这种思想的觉醒为《洑源新刊》的诞生提供了充足的动力。

五四运动的爆发，也为《洑源新刊》的创立提供了历史契机。1919年，五四运动如同一场思想的风暴，席卷了全国，迅速引起了广泛的社会反响。运动的核心口号"科学与民主"响彻中国大地，许多知识分子和青年学生在这一思想浪潮中找到了共鸣。济南的学者和学生群体，紧随其后，积极响应这一思想运动。五四运动不仅是一次政治运动，它更深刻地影响了人们的思想观念，推动了传统文化的批判和现代文化的传播。济南的学者们感受到了社会变革的迫切性，希望通过自己的努力去推动思想的解放和社会的进步。在这种紧迫感的驱动下，他们通过创办《泺源新刊》来传播新文化，宣传科学和民主，挑战封建传统，并努力为社会进步提供动力。

《泺源新刊》的创立，既是济南学术界对五四运动的积极响应，也是省立一师教育改革的必然产物。省立一师培养的青年学子，受到了新文化思想的深刻影响，他们通过《泺源新刊》将这些思想带到了济南乃至整个山东地区。这份刊物不仅是思想启蒙的载体，它还为济南地区提供了一个自由表达、讨论社会问题的平台，成了当时山东地区新文化传播的重要阵地。通过这份刊物，济南的知识分子能够表达对旧有文化的批判，推动现代化思想的普及，同时也为后来的文化改革和社会变革积累了宝贵的思想资源。

正是在这种社会文化背景下，《泺源新刊》应运而生。它不仅是五四运动后新文化思想传播的重要平台，也成了济南学界对于社会进步、文化变革的积极实践，承载了时代的历史使命。

第五章
《泺源新刊》版面与内容详析

第一节　版面及开本

一、版面设计

《泺源新刊》的版面设计功能分明，内容丰富多样，既体现了五四新文化运动的思想精神，又展现了地方文化的独特风貌。创刊初期，《泺源新刊》是一份四开四页的报纸，头版的祝词与启事定下基调，第二页的政论与教育研究深化思想，第三页的副刊通过文学艺术进行丰富情感的表达，第四页的广告则体现了经济运作的务实性。通过这一整体架构，《泺源新刊》成为济南地区思想启蒙的重要阵地，在地方社会变革与文化发展中发挥了不可忽视的作用。它不仅是一份报纸，更是地方社会变革的一面镜子，也是五四精神在地方落地生根的生动实践。

报纸采用四开四页的形式，布局合理、内容丰富。版面编排体现出鲜明的功能分区：第一页和第二页主要刊载政论与教育相关内容，集中表达编辑团队对社会问题和教育改革的思考；第三页则作为副刊，发表文学创作和轻松的文化内容；第四页专门刊载广告，展现了报纸在经济运营上的务实性。

二、开本变化

《泺源新刊》创办于北洋政府军阀混战的年代，由于时局动荡，岁月更迭，加之印刷数量等各种因素，最终导致这份进步报纸近乎绝迹，同时也给现代研究者出了一个难题。有人把它描述为报纸，有人把它记载为16开大小的杂志。这与民国时期报和刊不分的情况相符。

据《全国中文期刊联合目录补充本》（1883—1949年）记载，目前已知馆藏《泺源新刊》的单位有4家：山东省图书馆藏1~31期（注，缺第8期和9期，原件无存仅余胶片）；上海一大旧址纪念馆藏第12期；吉林大学图书馆藏第32期，第34~39期；北京大学图书馆藏第40期。

由于山东省立一师放寒假及出版资金链断裂等缘故，《泺源新刊》在出版至第31期后曾一度停刊。1921年，再次出刊发行时，这份"报纸"业已变为期刊了。启事告白里这样说：

> "本刊自去年十月一日发行创刊号以来，已经出到三十一号了，前因本校寒假放假，停刊五周，近因本刊经费的筹备，出版部各职员的缺席，所以费了些时间。经过一番改造，继复与读者相见，实在抱歉得很！现在算是重新再见了！本刊的形式方面，也改变了；从前是单张，现在是本子；从前是半周刊，现在是周刊。至于精神方面，内容的怎样请试读之。"

如此看来，《泺源新刊》在创刊之始至第31期出版的是报纸，且是半周刊；而从第32期起，则已改为书册式杂志形式，改版为16开的周刊。这也与民国时期"报刊不分"的实际情况相符。

第二节　办刊宗旨、投稿要求与出版周期

　　根据刊登于《洙源新刊》第2期头版的《本刊启示》，可以总结出其办刊宗旨、投稿要求和出版周期上的明确定位。

一、办刊宗旨

　　启示第一条详细阐述了《洙源新刊》的办刊宗旨："本刊是吾校同学及教职员共同研究学术、自由发表思想言论的一种刊物。"这一表述展现了《洙源新刊》的开放性与包容性。作为一份地方性的学生刊物，它不仅为师生提供了自由言论的平台，还特别欢迎本校毕业生和前任教职员的投稿。这种强调共同参与、学术探讨的姿态，使刊物超越了单纯的学生刊物范围，成为联系校内外群体的思想纽带。

　　此外，该条启示明确接受文言文与白话文两种投稿形式，并强调"只要不悖本刊的宗旨"，即可登刊登发。这种兼容并包的态度，一方面反映了报纸对多元表达的尊重，另一方面也体现了五四时期新文化运动的语言转型特征。

二、出版周期

启示第三条则宣布了报纸的出版周期："本刊每周出版二次，逢星期三、星期六出版。"这一说明明确了报纸的发行规律，为读者获取信息提供了便利，同时也展示了编辑团队在时间管理和内容筹备上的高效运作。

三、版面内容分析

（1）第一页、第二页：政论与教育

报纸的核心内容集中在前两页，以政论和教育问题为主。这种编排突出了《洓源新刊》作为启蒙刊物的特色。在五四运动思想的指导下，这些文章通常对社会问题、政治时局及教育现状进行深入分析，提出批评和改革建议。例如，编辑团队可能会抨击旧教育体制的腐败与落后，呼吁推广科学与民主的教育理念。这些政论不仅表达了编辑者们的理性思考，也试图通过舆论影响地方社会的思想进程。

（2）第三页：副刊

副刊内容较为轻松，主要包括文学创作、短篇小说和新诗等。这部分版面是展现《洓源新刊》文学与艺术追求的重要窗口。在五四运动的背景下，副刊中的文学作品往往关注现实问题，充满社会批判性与思想启蒙色彩。通过副刊，《洓源新刊》有效结合了思想启蒙与艺术表现，进一步丰富了其内容层次。

（3）第四页：广告

广告版面集中在第四页，是《洓源新刊》运作模式中不可忽视的一部分。这些广告可能涉及书籍、教育机构、文化用品等内容，反映了当

时济南地区的商业文化动态。同时，广告的设置也说明报纸在自我运营
方面有一定的经济意识，尝试通过商业支持维持其出版活动。

　　《泺源新刊》的内容安排和编辑特色，体现了其作为五四精神传播
载体的重要作用。从头版启示的宗旨表述到具体版面内容，无不彰显出
编辑团队的社会责任感和文化自觉性。通过将政论、教育、文学和商业
结合在一份报纸中，《泺源新刊》不仅实现了思想启蒙，还在一定程度
上促进了济南地方文化与商业的互动。

　　同时，这一期刊物再次展现了学生自治与出版实践相结合的成果。
无论是政论的深度、副刊的文采，还是广告的经济功能，都反映出学生
编辑团队在思想性和实践性上的探索。虽然其办刊规模有限，但影响力
深远，为研究五四运动时期济南地区的新文化传播提供了重要资料。

　　作为五四运动思想在地方社会的延续和实践，《泺源新刊》在内容
安排和思想表达上展现了显著的时代特色。从明确的办刊宗旨到多元的
版面设置，它既是地方文化的记录者，也是思想启蒙的传播者。这份报
纸不仅反映了20世纪20年代济南学生的思想状态和社会关怀，也为研究
五四时期的地方出版史提供了宝贵的素材。

第三节 《洣源新刊》的专栏设置——以第2期为例

《洣源新刊》作为五四新文化运动在地方传播的重要阵地，其版面设置和内容安排充满特色，反映了五四精神在地方文化中的具体实践。根据现存的《洣源新刊》第2期进行研究分析，可以对当时新兴报刊的样貌有所了解。

《洣源新刊》第2期出版于1920年10月5日，星期二。通过对第2期的内容分析，可以看出其版面布局具有清晰的功能分区，而内容则在思想启蒙、社会批判、教育改革与文学创作等方面展开，展现了深厚的思想内涵和鲜明的时代特色。

《洣源新刊》第2期采用四开四页的形式，每一页内容的设置都具有明确的功能分工，形成了思想传播与文化表现相辅相成的整体架构。

一、第一页：头版焦点与核心宗旨

媒体"议程设置功能"是一种理论假说，作为其创立者之一的麦库姆斯认为，新闻每天告诉我们大环境中那些我们无法直接经历的事件与变化，报纸为事件提供大量线索，头版头条、头版与内页、标题大小甚至报道篇幅的长短都能传达各种话题在新闻议程上的重要性。公众利用这些来自媒介的显要性线索去组织他们自己的议程，并决定哪些是最重要的议题。随着时间的推移，新闻中强调的议题就成为公众认为最重要的议题。❶

这个理论告诉我们，媒体通过对于一个议题的不断报道，就会影响受众的认知，从而帮助形成一种舆论环境。议程设置功能赋予媒体这样一种能力，"通过反复播出某类新闻报道，强化该话题在公众心目中的重要程度"，某一问题"若被大众媒介所关注，那么该问题在公众心目中的重要位置便得以提升"。❷

在传播学的定义中，传播者是指在传播过程中担负着信息的收集、加工任务，运用符号，借助或不借助媒介工具，首先或主动地向对象发出社会信息的一方。❸山东学生群体收集了五四运动的信息，对信息进行加工并主动地向社会各界传播了消息。

所以在定义层面来看，山东学生应是五四运动在山东各群体间传播的主要传播者。学生群体究竟是以什么方式来实现消息传播与群体动员呢？现有资料中的重要一点就是"组织简明印刷物，激发同胞爱国热诚"❹。

---

❶ 马克斯韦尔·麦库姆斯. 议程设置：大众媒介与舆论［M］. 郭镇之，徐培喜，译. 北京：北京大学出版社，2008：2.

❷ 沃纳·赛佛林，小詹姆斯·坦卡德. 传播理论：起源、方法与应用（第4版）［M］. 郭镇之，等译. 北京：华夏出版社，2000：246-247.

❸ 董璐. 传播学核心理论与概念［M］. 北京：北京大学出版社，2008：41.

❹ 胡汶本，田克深. 五四运动在山东资料选辑［M］. 济南：山东人民出版社，1980：211.

　　五四运动后，山东学界兴起了一批学生创办的报刊。这些爱国青年利用这些报刊作为媒介，反复宣传爱国、新文化运动，成为推广传播新思想的重要阵地，让这些理念逐渐深入人心。山东人民因此被认为是"较早也较好地形成了爱国统一战线"❶的地区。《洣源新刊》作为山东新文化运动的阵地之一，多次将爱国、爱家乡、启发民智等主要议题放在其头版，作为重要的宣传方向，提升了新思想和新文化在公众心目中的位置，实现了其"新文化运动排头兵"的定位。

　　《洣源新刊》第2期头版开端为三条《本刊启示》，第一条阐明办刊宗旨："本刊是吾校同学及教职员共同研究学术、自由发表思想言论的一种刊物，凡在本校毕业的同学和本校前任教职员若有以著作见赐的，只要不悖本刊的宗旨，文言白话一律欢迎，但刊登与否原稿概不退还。"❷可见该刊的供稿人主要还是省立一师的师生。

　　第一页是整份报纸的核心部分，以赵捷先撰写的"祝词"开篇，为报纸定下思想基调。赵捷先，浙江兰溪人，山东省立一师教师，擅长古典文学，为章太炎的得意门生。"祝词"全文如下：

　　　　活水的源头，抵桂向东流。
　　　　洣源呀，七十二泉齐下发，
　　　　喷到洙泗，

---

❶ 梁华栋. 简论五四运动中山东爱国阵线的特点［J］. 山东师大学报（哲学社会科学版），1987（2）.

❷ 滕天宇，滕长富. 山东新文化运动马前卒《洣源新刊》［N］. 人民政协报，2022-05-09.

闹到黄流茫茫禹域号神州，

济济英才谁与俦。

洙源呀，你努力向前流，

泰山阻不住，海洋在前头。

这首诗通过鲜明的意象和雄浑的气势，表达了对变革与进步的强烈向往，是五四新文化运动精神在诗歌中的生动体现。下面我们来逐句解释并分析一下该诗歌。

"活水的源头，抵桂向东流"：这句是以"活水"作为象征，展现了思想与文化的生生不息和活力。洙源作为济南七十二泉的发源地，象征地方文化的根基，而"向东流"则暗喻文化和思想的传播与延续，体现了新文化思想冲破地域局限、广泛传播的趋势。特别值得一提的是，在新文化运动中，有不少知识分子因不满旧文化的束缚，将传统文化完全作为新文化的对立面进行全盘否定。但我们通过《洙源新刊》的"祝词"可以看到，该刊物并没有这一倾向，而是把文化和思想比喻成"活水"，强调的是它的生生不息和活力。其中虽然有需要摒弃的部分，但也必然有值得继承和发扬的部分，才能"抵桂向东流"。

"洙源呀，七十二泉齐下发，喷到洙泗，闹到黄流"：洙源作为七十二泉的总称，既是自然奇观的象征，也隐喻新思想如泉水般喷涌而出，流向洙泗（儒家思想发源地）与黄河（中华文明象征）。这段意象传递出新文化思想将深入传统文化腹地，与其产生碰撞和交融，推动社会变革。

"茫茫禹域号神州，济济英才谁与俦"：这里以山东名城"禹域"和"神州"指代整个中国，凸显诗人立足地方、放眼全国的胸怀。"济济英才"寓意知识分子和青年群体是社会变革的中坚力量，"谁与俦"
则展现了对人才辈出的自信和对未来的期待。

"泺源呀，你努力向前流，泰山阻不住，海洋在前头"：这句诗的
核心意象——"泺源"与"海洋"，表现了新思想的力量无可阻挡。
"泰山阻不住"寓意传统观念和旧制度无法遏制变革的洪流，"海洋在
前头"则描绘了广阔而光明的未来，表达了对进步和自由的强烈信念。

这首诗充满了积极向上的情感，展现了作者对光明未来的渴望。诗
人将自然景观与思想流动巧妙结合，用涌动的泉水象征新文化的澎湃力
量，表达了对冲破阻力、迈向新生的坚定信念。诗的语言简洁通俗、节
奏鲜明，充满口语化的韵律感，符合五四时期白话诗"贴近群众"的特
点。同时，诗句中的排比和象征手法增强了诗歌的表达力，使之既易于
传诵，又富有思想深度。

综上，这首诗不仅是对《泺源新刊》创刊的一种文学性祝贺，更是
对五四新文化运动精神的一次艺术化表达。它以地方的自然意象为切入
点，寄寓了对新思想传播、社会变革的深切期盼，具有鲜明的时代感和
文化价值。这首诗不仅展现了文学的感染力，还体现了报纸"介绍新思
想、宣传新文化"的核心宗旨。

此外，头版还以醒目的形式刊载三条《本刊启示》，明确了报纸的
办刊理念、投稿规则和出版周期（详见本章第三节第二小节），向读者
传递了规范化、制度化的形象。

二、第二页：政论与教育的严肃探讨

《泺源新刊》第2期的第二页主要刊载政论文章和教育研究，是整
份报纸思想性最强的部分。这一版面的重点在于以理性分析和逻辑论证

引导读者反思社会问题。例如，韩式仪的《新旧》连载，通过对旧观念的批判与新思想的倡导，引发读者对五四核心理念的思考；而王志坚和靳鸿训关于小学教学的研究，则从教育领域出发，探讨如何通过教育实现思想启蒙与社会进步。这些内容表明，第二页是思想交流与改革倡议的主要阵地，具有强烈的现实关怀。

这一页面体现了五四新文化运动的核心价值，反映了当时青年知识分子对传统与现代之间冲突的深刻认识，并探索了教育在社会改革中的重要作用。

（1）韩式仪的政论文章《新旧》

韩式仪的《新旧》是一篇具有鲜明五四运动特征的政论文章，内容以"摒弃旧束缚，接受新生事物"为核心思想，鼓励青年学生摒弃陈旧的思想观念，勇于接纳新文化、新思想。

文章的主旨与五四新文化运动的主要思想内涵高度契合。五四运动提倡"科学与民主"，反对封建主义与传统束缚。韩式仪的《新旧》呼吁青年学生要顺应时代潮流，摒弃一切过时的、压迫思想自由的陈旧观念，拥抱新文化的理念。通过明确的对比，文章从理论上为学生指引了方向，强调了"新"的力量能带来社会的革新与进步。

《新旧》采用简洁而直接的语言，充满号召力，文章通过清晰的逻辑和有力的论证，激发了青年学生的革命性思想与行动欲望。在五四时期，政论文章扮演着思想启蒙与社会动员的角色，《新旧》不仅为学生提供了理论支持，也为社会改革提供了精神动力。

（2）王志坚与靳鸿训的教育研究。

在第二页，除了韩式仪的政论文章，还刊载了两篇与教育改革密切相关的学术论文，分别是王志坚的《小学各科教授的研究》和靳鸿训的

《我对于小学历史地理教授的研究》。这两篇文章从不同角度探讨了教育改革中的具体问题，体现了五四时期教育思想的活跃。

《小学各科教授的研究》一文深入探讨了小学教育的各个学科教学方法，提出了通过启发式教学来培养学生的独立思考能力。这篇文章强调，小学教育不仅仅是传授知识，更应注重激发学生的思维能力与创造力。王志坚的教学理念体现了五四时期教育改革的关键思想：通过更新教学方式，让学生从传统的教育中解放出来，培养他们的批判性思维与独立性。

《我对于小学历史地理教授的研究》一文则从历史与地理学科的教学角度，探讨了如何优化课程设置与教学方法。靳鸿训认为，小学阶段是学生思想形成的关键时期，因此在历史地理教学中，教师应注重培养学生的实际感知和批判精神，而非单纯的记忆事实。通过这种方式，学生不仅能够了解历史和地理知识，还能培养更为广阔的视野和对社会的深刻理解。

王志坚和靳鸿训的教育文章深刻反映了五四时期教育改革的核心思想。五四运动不仅在社会和政治领域推动变革，它同样对教育产生了深远的影响。教育不再只是传授知识的工具，它更是启发学生思想、培养社会责任感的重要途径。两位作者的文章从具体学科的教学探讨出发，推动了教育方式和思想的转型，展示了五四时期知识分子对教育事业的深刻关怀与探索。

《洙源新刊》第二页通过韩式仪的政论与王志坚、靳鸿训的教育研究，呈现出一幅充满思想启蒙与社会关怀的知识图景。韩式仪的《新旧》推动了思想的解放和现代思想的接纳，而王志坚与靳鸿训的教育研究则为教育改革提供了理论支撑与具体方法。这些内容不仅是对五四新文化运动精神的实践，更为地方教育的改革与发展提供了宝贵的学术资源。

通过政论与教育研究的结合，《泺源新刊》将社会变革与教育改革紧密联系，体现了当时青年知识分子对于新文化、新思想的追求，也为推动社会与文化的进步作出了积极贡献。

三、第三页：副刊与文学创作

《泺源新刊》第三页作为副刊，刊登新诗、小说等文学内容，是报纸情感性与艺术性的集中体现。

（1）诗歌

这一期的"新诗"栏目收录了王志坚的诗作《无衣的农夫》，通过写实手法揭示了底层农民的艰辛生活，反映了社会的不平等与不公正。小说栏目可能以故事形式展现社会问题，具有同样的批判性和现实关怀。副刊内容不仅为读者提供了文学欣赏的机会，也通过文学的感染力加强了报纸的思想传播效果。

前面那块地里，

种了些青青的秫匕，

里边有一个少年农夫，

手里拿着一把长锄，

低着头儿弯着腰，

把那为官的蔓草尽力除去，

啊天气这样热，

日光这样毒，

上下不着衣，

怎么靠得住，

肤色黑似猪，

汗珠落如雨，

这个情景真叫人替你叫苦，

为什么从这里经过的人，

反而说"有趣有趣"。

　　这首诗充分体现了五四时期白话诗的鲜明特点：语言通俗易懂，形式简洁明了，朗朗上口，易于传诵。然而，这首诗在其看似朴实的外表下，却涌动着深沉而真挚的情感。作者以质朴的笔触勾勒出劳动人民的困苦生活，以冷峻的写实手法揭示了社会的剥削与不公。字里行间流露出对底层民众深切的同情，同时蕴含着对冷漠旁观者的愤懑与控诉。这种情感的张力和思想的锐度，使诗句在平易中透出震撼人心的力量，既有文学的美感，也有思想的深度，是五四精神的生动写照。这首诗刊登于《洺源新刊》的副刊，也旗帜鲜明地表达了编辑的态度，其浓烈的政治色彩与审美取向跃然于纸上。

　　在该诗的诗尾，还附有王统照先生的几句点评："此诗意涉实深，且绝无拖累杂凑之病，足当起写实二字，后句结得亦好。"他高度评价了这首诗在主题和表现手法上的成功。王统照先生的点评不仅揭示了诗歌在写实性上的鲜明特征，也肯定了诗歌语言的精练和结尾的力度。以"足当起写实二字"作为总结，凸显了这首诗直面现实、反映社会问题的艺术价值。

　　从资料记载来看，王统照当时虽在北京读书，但由于家眷尚在济南，他常在两地往返，与济南的知识青年如王志坚、王翔千、王尽美、邓恩铭等人有着密切的交流。这一背景表明，他对济南知识圈及《洑源新刊》这类刊物中的创作有深入了解。这种频繁的接触使他能够直接感受到地方青年在五四新文化精神感召下的创作热情，并基于这些互动提出了自己的文学见解。

王统照的点评不仅是对这首诗本身的肯定，也是对《洑源新刊》作为思想启蒙与文学实践平台的认可。通过与这些青年创作者的交流，王统照既是新文化运动的传播者，也是地方文学发展的见证者。他的评论为我们理解这一时期的文学创作及《洑源新刊》的文学品位提供了宝贵的视角。

（2）小说

小说栏目刊载的滕耀宗（滕孟远）作品《灾民泪》，以白描手法描绘了流浪灾民的悲惨生活，语言朴实无华，却真切地揭示了底层社会的艰难与无助。通过人物对话的形式，小说直接而鲜活地展示了灾民生活窘迫、求生艰难的细节。读者不仅可以从故事中感受到灾民的苦难，还能被文字背后的深切同情与无声控诉所震撼。

这一内容在五四时期的语境下尤其具有重要意义。小说的文学中心地位，是在20世纪30年代以后才渐渐确立的。在《洑源新刊》创立的20年代，小说和新诗一样，还属于比较新派的文学形式。"20世纪20年代青岛的报刊上，小说也同新诗一样，占极少数。现代能见到的仅有十多种，多是翻译小说，用文言文写作的，还停留在梁启超开启的'小说界革命'的氛围中。新式白话小说如凤毛麟角，极为罕见。"❶

---

❶ 顾迎新. 20世纪30年代青岛报刊上的小说创作［J］. 芒种，2015（7）：79-80.

小说以艺术形式记录社会问题，描写底层工人和农民的生活，补充了报纸政论文章无法触及的情感层面。白话小说降低了阅读门槛，极大增强了传播效果。滕耀宗的创作没有直接倡导革命性变革，而是以事实呈现的方式，引导读者反思社会不公。这种写实风格的文学作品，增强了思想传播的深度与广度，为五四新文化运动提供了地方化的文学表达。《洙源新刊》敢于尝试，支持文学界新风气的举动，无疑是具有革命性的。

（3）通讯栏目

通讯栏目是报刊反映社会现实、表达思想情感方面的重要阵地。这些内容不仅通过不同形式展现社会问题，还在具体细节中呈现了五四时期知识分子对社会的深刻关注与改革追求。

在第2期"通讯"栏目中，刊载了留法学生孙玺凤致教育部门的一封公开信，大致内容：陈述留法勤工俭学时之艰难境遇，呈请省府能增加津贴以资学业。文中提到鞠思敏、王乐平先生为此奔走周旋施以援助，并通过"齐鲁通讯社"向媒体通报留法勤工俭学学生的实际情况。

孙玺凤详细描述了留法勤工俭学学生在海外的艰难处境，陈述了由于资金不足导致的生活与学习困境，并恳请山东省政府增加津贴以缓解困难。信中提及了鞠思敏、王乐平等社会热心人士的奔走相助，体现了知识群体对教育事业的关心和支持。留法勤工俭学是五四时期中国知识青年追求新知、寻求社会变革的生动写照。通过公开信的形式，孙玺凤不仅揭示了勤工俭学学生的困境，也体现了知识分子对政府和社会支持的期望。信中提到"齐鲁通讯社"向媒体通报实际情况，反映了当时舆论工具在教育领域中的重要作用。

孙玺凤即孙鸣岗（1892—1961年），山东高青人，1919年毕业于省立一师，后留学法国获法学博士学位，曾任山东省政府参议、威海行政区管理公署专员等职。1938年1月，于任上协助中共胶东特委组织发动了威海起义，1940年曾当选为清河（后为渤海）区参议会副参议长。1946年1月，经法国勤工俭学时期的好友陈毅同志介绍加入中国共产党。

孙玺凤信中提到的"齐鲁通讯社"（后更名齐鲁书社），为山东省议员王乐平1919年10月创办，是山东省第一家推销进步刊物的书店，更是马克思主义在山东传播的启蒙基地，1920年11月21日，励新学会在这里成立。为此，齐鲁书社与励新学会还被当时的进步报刊称为"济南文化运动之曙光"。

通讯栏目展现了《洣源新刊》对底层社会及知识群体生存状况的关注。这不仅是一份刊物记录社会问题的实践，也是在为弱势群体发声，增强了地方知识分子与更广泛社会阶层的联结，体现了《洣源新刊》作为一份启蒙刊物的多元价值。

这些内容以不同形式反映了五四时期社会的复杂面貌，成为地方知识分子对社会思考与实践的重要见证者。通过小说与通讯，《洣源新刊》不仅记录了济南地区的时代脉搏，也为后世研究五四精神的地方化表达提供了宝贵的历史资料。

四、第四页：广告与信息传播

《洣源新刊》的第四页专门刊载广告，是报纸经济功能的体现。这些广告多与教育、文化用品等相关，反映了报纸对社会需求的关注。通过广告收入，《洣源新刊》可以实现自身经济的部分自主化。

中国报刊广告的萌芽和发展期是在19世纪末20世纪初。在当时，以《华文日报》《香港船头货价纸》为代表的"新报",秉承"追求利益、重视报刊广告收入"的理念大获成功。在这之后,王韬创办了《循环日报》并借鉴"新报"的经营理念,提出了"经营与言论并重"的办报口号,《循环日报》也成为当时最具影响力的报纸之一,但其先进的报刊经营理念并没有被后人继承。❶

至英敛之创办《大公报》的时候,就吸取了"文人办报有时文章传诵一时,报纸都是昙花一现,瞬间关门"❷的经验教训,主张报纸应该在经济方面自给自足。他结合王韬的经营理念,提出《大公报》要走"经营与事业并行"的发展道路,一方面重视政论内容,一方面重视报纸的发行量与广告业务。

在《中国报学史》一书中,戈公振先生说:"广告为商业发展之史乘,亦即文化进步之记录。人类生活,因科学之发明日趋于繁密美满,而广告即有促进人生与指导人生之功能。"❸广告,作为商业发展和文化进步的记录,在人类生活中扮演了重要角色。科技的进步,使人类生活更加丰富美好,而广告则起到了促进和引导的作用。在近代报纸上印刷的广告,还以其应有尽有的内容,在政治、经济、思想文化、社会生活等各个领域,留下了深刻的历史印记。因此,对民国报纸上的广告,进行深入的研究,不仅有助于理解媒体对近代社会的塑造起到了怎样的

---

❶ 崔政韬,付宁. 20世纪初中国报刊广告理念的演变轨迹——以英敛之时期《大公报》的广告经营为例 [J]. 东南传播,2018(12):3.

❷ 天津政协文史资料委员会. 近代天津十二大报人 [M]. 天津:天津人民出版社,2001:81.

❸ 戈公振. 中国报学史 [M]. 上海:上海古籍出版社,2003:14.

作用，还能够揭示广告背后的文化、经济和社会动态。通过报纸上的多方位呈现，广告为今天的读者提供了一个全面而立体的视角，可以透视当时社会的方方面面。

中国报刊经营对广告业的重视是一个越来越明显的过程，可以说与"国人办报"的发展同步进行，晚清及民国时期报刊广告业发展大致可以分为以下三个阶段。

（1）戊戌变法前后（1898年前后）

中国报刊广告近代化的萌芽期出现在"戊戌变法"前后。在当时大部分报刊只顾"奔走疾呼"而不重视经营收益。"这个阶段堪称中国新闻史上的'黄金时期'。面对政府的管制和迫害，无论是报纸还是杂志，都不顾及营利因素，而成为最终推翻清政权的国家政治改革运动的鼓动者。"❶对于盈利的漠视，导致大部分报纸入不敷出，存在于世的时间很短。

（2）民国成立前后（1912年前后）

中国报刊广告近代化的发展期出现在民国成立前后。当时大部分的报社在经济上难以实现自给自足，往往依靠某些政治集团提供"津贴"维持生计。整个报业的大环境是"有个政治和经济上的靠山，就开始办报。钱花光了没有接济，或者政治靠山倒台了，报纸也就办不下去了。特别是北方，政治的动荡、商业的不完善、经济的不发达都直接影响了报纸的经营"。❷

---

❶ 林语堂. 中国新闻舆论史［M］. 北京：中国人民大学出版社，2008：53.
❷ 王润泽. 张季鸾与大公报［M］. 北京：中华书局，2008：125.

　　然而转机出现在1912年袁世凯制造"癸丑报灾"之后。事件发生后，报业"草木凋零，行业萧瑟"。外界的政治作用与生存的压力让很多报刊的发展重心不得不由政治论调转为商业经营，一定程度上倒逼报刊向商业化转型。"即就报界自身而言，亦知经济独立之重要，而积极改良营业方法"。❶

　　（3）五四运动前后（1919年前后）

　　五四运动至中华人民共和国成立期间是中国报刊广告的迅速发展时期。尤其是在国民政府定都南京之后，利于报业发展的政令通行全国，报刊的广告经营迎来了黄金的十年，广告教育、广告研究领域已成规模。

　　由此可见，在《泺源新刊》创刊时，正处于报刊广告的迅速发展阶段，一些报刊甚至有超过一半的版面都在刊载广告。报刊登载广告的营销手段也更加成熟，有些报刊甚至专门创办了分馆来承接广告业务。❷要指明一点，尽管对于广告业的重视是出于报刊对于经济收益的考量，但很多报纸经营者也并不是唯利是图，一味地追求广告带来的经济利益。比如，《大公报》的从业者就警觉地发现广告版面对于新闻版面的蚕食，认为过度商业化的发展面临着报刊言论被外资广告主控制的风险。《大公报》创始人英敛之强调，广告虽然能为报刊带来经济利益，但是办报不能舍本逐末，"若不能铸就舆论，迎合社会以求推广

---

❶ 戈公振. 中国报学史［M］. 上海：商务印书馆，1928：24.

❷ 崔政韬，付宁. 20世纪初中国报刊广告理念的演变轨迹——以英敛之时期《大公报》的广告经营为例［J］. 东南传播，2018（12）：3.

其销路，此等报纸无宗旨无政见，不过如一种营利之广告，安得谓之
报纸哉？" ❶

《大公报》还形成了早期的"广告道德观"：第一，拒绝虚假广
告，发表声明者需提供真实姓名与住址，广告内容也要有人做担保，否
则缴纳再多广告费也不予刊登。第二，有辱民族尊严与利益的广告不予
刊登。比如，1905年美国颁布的华工禁约激起了民愤，《大公报》多次
刊登文章为全国人民疾呼，并呼吁抵制美国货。同时《大公报》带头拒
绝刊登美国商人广告。第三，对新学事物与慈善类的广告，予以一定的
优惠或者免费刊登。如1911年《大公报》为天津红十字会免费刊登"鸣
谢告白"以致谢社会人士的捐助。对于新学事物，包括西方书籍、社会
生活方面的工具，《大公报》通常将这些广告单独放在一版，这样为的
是提高注意力，扩大新学事物的影响，以开民智。

可以说，这些有远见的报刊实业家还是注重平衡报刊经济效益与社
会效益的。报刊广告业重视盈利性，但在遇到社会公害事件时敢于发
声，甚至免费宣传。如《大公报》响应"中国地学会"号召，在广告版
面免费为其"搭台疾呼"，招纳"华夏有识之士"为地学研究建言献
策，以达到振学强国的目的。这种对于"经济效益与社会效益"相平衡
的追求，在当时也对其他报纸产生了影响，在今天的报刊业和出版业仍
然适用。

---

❶ 吴晶. 清末地方自治运动中的《大公报》舆论［J］. 湖北社会科学，2013（05）：
103-105.

《涞源新刊》广告页的内容与版面设计如下。

（1）《涞源新刊》刊载广告的内容

"广告"是来自西方的新名词。在1902—1906年这一时期，报纸上的广告多冠以"告示""声明"之名，"广告"与"告白"的说法也交替出现。由此可见，"广告"在后期被用来称呼所有的刊登作品，但"告白"一词也保留了下来。值得说明的是，"国文中的'告白'一词，和今日所说的'广告'一词并不能重合，它的外延更加广泛，包括声明、启示、讣告等"❶。以《大公报》所载"告白"的内容来看，这一古代的称谓在近代的意义外延正在逐步缩小，"告白"一词在之后专指那些"告知""阐述"类的广告信息。而"广告"的外延却在逐步扩大，比如《涞源新刊》的广告版面就涵盖了"声明""广告""启示"等。

（2）《涞源新刊》刊载广告的版面

20世纪初，广告位置编排与管理方面的经验略有欠缺。很多报刊是根据"先来后到"的原则来编排广告，有时候甚至会闹出"同宴楼今日开张"跟"灭鼠灵"广告并排的笑话，或者把广告放置在报底，甚至夹缝之中。可以看到，到20世纪20年代，报刊广告的版面有了极大改进，不仅版面数量有所增加，而且排版、位置设计也更加讲究。像《涞源新刊》将第四页专门作为广告版面，这样就会让读者的阅读不会被打断，注意力不会被分散，也显示出报纸广告版面的经济价值已经

---

❶ 陈晓洁. 广告学的名称辨析及其学科特性［J］. 济南大学学报（社会科学版），2011，21（02）：18-21.

有了提高。

  分析《洢源新刊》的广告版面，我们可以看出，《洢源新刊》已经有了近代报纸文章论证与广告经营的可持续发展模式，汲取了前人的经验教训，在继承文人论政优秀传统的同时，依靠商业经营追求自给自足，从而实现报纸的生存和发展。这对于我们今天的出版业也有一定启示。

第六章
从视觉设计与印刷工艺的角度评价《洙源新刊》

　　20世纪初，中国社会正处于新旧交替的关键时期，社会结构、文化传统和思想观念都在经历着深刻的变革。在这个时代，思想启蒙与文化传播成了推动社会进步的核心议题，如何通过有效的媒介传播新思想，打破传统束缚，也成了知识分子和文化活动家关注的重要课题。《洙源新刊》作为济南地区的标志性刊物，它不仅在内容上积极推动了新文化运动的发展，还在视觉设计与印刷工艺上做出了诸多创新，为时代的文化变革贡献了自己的力量。

　　在内容上，《洙源新刊》紧跟时代潮流，传播现代化的思想观念，尤其是在个性解放、教育改革、反帝反封建等方面，为济南及周边地区的知识分子提供了思想启蒙的源泉。然而，除了内容上的创新和突破，其视觉设计与印刷工艺同样具有极高的时代价值和历史意义。这些创新不仅反映了当时的社会审美、技术水平，还直观地展示了文化变迁的趋势和特点。刊物的视觉设计、排版布局及装帧艺术，不仅是对当时社会审美需求的回应，也反映了出版技术的进步和思想文化的现代化。

　　《洙源新刊》的排版和装帧设计是其艺术性和时代性的重要体现。与传统刊物相比，它的排版布局更加简洁清晰，文字的排列和插图的运用突出了现代出版设计的思维方式。通过精心设计的版面，刊物在视觉上带给读者一种全新的感官体验，避免了传统刊物常见的过度装饰和复杂的排版，反映了五四时期对简洁、实用、美学的追求。这不仅让读者在阅读时感到舒适，也通过形式上的创新展示了思想的现代性。

　　此外，印刷工艺的创新既体现了当时中国在技术层面的进步，也反映了社会对文化传播的重视。刊物采用了当时较为先进的铅印技术，不仅提高了出版质量，也让刊物在视觉效果上更加精致。清晰的印刷质量使文字和图像更加生动，增强了阅读效果。同时，这些技术创新的背后，折射出社会对现代化的渴望和对思想文化传播的重视。《泺源新刊》在印刷工艺上的创新，意味着其不仅仅是一份文化刊物，更是一种社会变革和现代化进程的见证者。

本章将从以上几个方面，对《泺源新刊》进行全面评价。从视觉设计的排版、装帧艺术，到印刷工艺的创新，我们将详细探讨刊物如何通过其独特的设计语言，表达新文化运动的精神，并推动文化传播和技术进步。这些设计与技术创新，体现了中国现代出版业的崛起，也彰显了《泺源新刊》作为时代产物的独特价值。通过这些层面的分析，我们不仅能够更加全面地理解刊物在文化传播上的作用，还能够洞察到其对当时社会审美、技术进步和文化变迁的深远影响。

第一节　视觉设计：形式与功能的结合

一、艺术化字体设计的运用：传承与创新的平衡

民国时期是近代中国资本主义进一步发展的黄金时期，民族工商业获得了巨大的发展空间，国内市场逐渐宽广，经济的繁荣带来了社会各个领域的深刻变革。随着商品经济的蓬勃发展，民国时期的报刊、书籍等出版物不仅在内容上呈现出多样化和现代化的趋势，视觉设计也逐渐变得丰富多彩，其中"美术字"的应用尤为突出。艺术化字体的运用不仅是对传统字体形式的创新，它的实践和发展在这一时期表现得尤为丰富和生动，特别是在书刊封面上的应用，具有重要的艺术和文化意义。

艺术化字体作为书刊封面的重要组成部分，承担着吸引读者眼球、促进购买以及广泛传播的作用。在民国时期，随着印刷技术的不断进步和图文排版的创新，书刊开始注重视觉效果的设计，字体的艺术化成为了吸引读者注意力的有效手段。在这个时期的书刊上，字体不再是单纯的信息传递工具，它们被赋予了更多的艺术价值，成为重要视觉元素。字体的变化与艺术化处理，能够通过其独特的表现形式

与图案设计，传达出版物的内容精髓和文化背景。例如，《泺源新刊》采用的艺术字体就是这一时期字体设计创新的典型代表，它不仅在视觉上引起强烈的关注，还在形式上充分展现了时代精神的蓬勃发展。

此外，艺术字体的使用也与当时美术教育的蓬勃发展和美育思想的提升和普及密切相关。在民国时期，随着新文化运动的兴起，思想解放的呼声越来越高，社会对于现代艺术与美学的认同逐步深入，艺术与文化的融合逐渐成为社会的主流趋势。艺术字体作为一种独特的艺术表达形式，能够反映出时代对美学的追求，并在一定程度上推动了当时美术的发展。字体的设计不仅是为了装饰，这一时期它在报刊中还扮演着重要的文化载体角色，促进了视觉艺术与社会文化的紧密结合。

在这一时期的报纸和杂志中，字体的选择通常是以楷书或宋体为主，这些字体既符合传统书法的审美标准，又具备较好的可读性。宋体作为当时的主要正文字体，具有简洁、规整的特点，能够满足报刊内容高效传达的需求，同时也继承了传统文献的审美习惯，保持了一定的文化延续性。宋体的广泛应用，使民国时期的报刊在视觉上呈现出一种既符合传统又具有现代感的平衡状态。然而，在标题和注释部分，民国时期的报刊有时也会使用新兴的黑体字。黑体字的出现，不仅反映了新文化运动对现代化的追求，也标志着传统书法形式与现代印刷字体的结合。黑体字的运用使文字更加清晰，具有较高的辨识度，并且通过其较为硬朗的线条，能够展现出一种强烈的现代气息。这一字体的应用，不仅使报刊的设计更具现代感，也与传统的文言刊物形成了鲜明的对比。

《泺源新刊》在字体选择上进行了创新，采用了类似于黑体字变形的艺术字体，既保留了字体锐利的装饰字角，又通过艺术化的圆润处理，使字体更加协调、统一，并具备了一定的层次感。这种设计增加了字体的韵律感，同时展现了一种蓬勃向上的时代精神，传达了刊物创刊初期对于核心内容价值的定位。这种艺术化字体的使用，不仅体现了《泺源新刊》作为新文化运动的一部分，积极向进步思潮靠拢的意识，也反映了刊物自身的文化气质和时代使命。下方拼音部分的黑体书写，进一步提升了版面的整体设计感，使刊物在视觉上显得更加高端、专业，同时也充满了民族气概。

在《泺源新刊》的设计中，标题和期刊期号通常位于头版的显著位置，附带有主编或出版单位的信息。整体设计以功能性为导向，注重信息的清晰传达。这种设计不仅仅是美观的呈现，更强调实用性和传播效果，通过简洁且富有层次感的设计，使读者能够迅速获取关键信息，增强了报刊的可读性和吸引力。

总之，《泺源新刊》在字体艺术上的创新，反映了当时社会和文化的变迁。艺术字体的运用不仅体现了对传统书法艺术的继承，也体现了对现代化进程的积极回应。通过字体设计，刊物不仅传达了时代的进步精神，还在视觉上为读者提供了美的享受，进一步推动了当时美术和美育思想的发展。这种对字体艺术的探索和创新，标志着民国时期报刊设计的成熟，并为后世的出版设计提供了宝贵的经验与启示。

二、简洁明快的版式：注重阅读体验

《泺源新刊》作为20世纪初期新文化运动的重要刊物，其版面设计充分展示了当时社会对于现代化、简约和理性美学的追求。版面设计以简约明快为主，摒弃了传统出版物中的繁复装饰，转而采用现代化的设计元素，注重简洁、清晰和功能性。这种风格的背后，是新文化运动对传统文化的反思，以及对现代社会进步理念的推崇。刊物的版面设计不仅是对时代审美的响应，也是对读者阅读体验的高度关注。

《泺源新刊》的版面布局常以直线和对称构图为基础，整体呈现简洁、均衡的视觉效果。直线和对称性构图的使用，使版面显得工整而富有秩序感，传递出一种现代简洁的美感。这种设计风格的背后，既体现了当时对西方现代艺术形式的借鉴，也标志着中国出版设计从传统向现代化的转型。版式设计遵循了规范化、公式化的布局，力求达到统一和协调，避免了过度装饰和复杂的排版结构。这不仅符合现代审美，也增强了版面信息的传达效果，使《泺源新刊》在视觉上给人一种清新、流畅的感觉。

在排版上，《泺源新刊》充分考虑了读者的阅读感受，最大限度降低了阅读的难度。考虑到当时的读者群体大多是知识分子和青年学生，刊物通过精心设计的版面，减少了读者在辨识和理解信息时的困惑。文章内容按照栏目进行分类布局，帮助读者迅速找到自己感兴趣的部分。标题通常以较大字号进行设计，与正文的文字形成鲜明对比，这种排版方式不仅提高了可读性，也使刊物的结构更加清晰，方便读者迅速定位信息。

段落分明、标题醒目、内容简洁明了，是《泺源新刊》排版的一大特点。通过使用空行或者线条进行分隔，每篇文章之间的界限清晰，增强了视觉的层次感。这样的设计不仅让页面看起来更加干净、整洁，也避免了文字的堆叠，使每一部分内容都能得到充分展示，从而提升阅读体验。同时，字间距和行间距的合理安排，避免了字体过于密集的视觉困扰，让读者在阅读过程中感到更加舒适。适当的间距安排使文章的内容更易于理解，减少了阅读中的视觉疲劳，使读者能够长时间保持阅读的专注力。

除了文字排版的精心设计，插图和表格的运用也是《泲源新刊》版面设计的一大特色。插图和表格的恰当运用不仅提升了刊物的视觉吸引力，还增强了内容的可读性和趣味性。尤其是在涉及教育研究、社会问题等领域的文章中，插图起到了至关重要的作用。这些插图简洁而富有功能性，直接服务于文章内容的阐述，帮助读者更好地理解复杂的社会问题和教育理念。通过图文结合的方式，刊物能够更生动地呈现思想内容，使抽象的理论变得更加直观、易懂。

此外，插图和表格的运用在《泲源新刊》中并非只是装饰性的，而是与文章内容紧密结合，具备一定的教学和说明功能。在涉及教育改革和社会问题的讨论中，插图和表格不仅提供了直观的数据支持，还能够增强文章的论证力度。例如，在探讨教育改革时，刊物通过表格展示教育系统的现状、改革的进程及相关的统计数据。这种直观的呈现方式既能帮助读者更好地理解文章内容，也能促使他们在阅读过程中思考和反思社会问题。

整体来看，《泲源新刊》的版面设计体现了那个时代对现代化和简洁风格的追求。它不仅注重视觉上的美感，也在布局和排版上充分考虑了读者的阅读体验。简洁的排版、清晰的层次、合理的字间距和行间距使刊物在信息传达上更加高效，降低了读者的认知成本，同时提升了阅读的舒适性。插图和表格的适度使用，更是增强了刊物的可读性和趣味性，使《泲源新刊》不仅在内容上推动了新文化运动的发展，也在形式上为现代出版设计树立了标杆，成为那个时代的文化和思想传播的重要载体。

三、装帧艺术：经济性与美观性的结合

《泺源新刊》作为民国时期的一本具有代表性的刊物，其设计风格与制作方式具有鲜明的时代特点。刊物采用简装设计，保持了简洁而高效的风格，符合当时新文化运动提倡的简约、实用和现代化的审美取向。尽管其装帧和图案设计相对简朴，但在内容的呈现上，刊物极为注重清晰度和美观度的平衡。这样的设计风格不仅有效降低了制作成本，也让刊物在形式上体现出一种朴素而有力的现代感。

《泺源新刊》的单色印刷是其简装设计的核心特征之一。这一设计选择不仅符合当时物资紧张、经济条件有限的现实情况，也符合其提倡的简约风格。单色印刷的运用使刊物在视觉上显得清爽、干净，避免了过多的视觉干扰。在版面上，文字的黑白对比更为突出，使内容的传递更加清晰、直接，便于读者快速获取信息。虽然图案设计较为简朴，但它在视觉效果上并不显得单调枯燥，反而通过简单的图形和线条，营造出一种简洁而富有内涵的设计感。

尽管《泺源新刊》在图案设计上趋向简朴，但在整体排版和版面构成上，依然展现出精心的布局和高效的内容呈现方式。每一篇文章的排版都经过细致的思考，标题、段落、图表和注释等元素在版面上呈现出有序的层次感，使信息传达更加清晰。无论是正文字体的选择，还是栏目分配，刊物都力求让读者在最短的时间内获取到最准确的信息。这种追求清晰度的设计理念，正是简装设计的核心所在。

  在装订方式上，《浍源新刊》采用了骑马钉或简易胶装订的方式。这种装订方式不仅降低了制作成本，也保障了刊物的实用性和耐用性。骑马钉装订，是将期刊的纸张按顺序叠放并用铁钉固定的一种简便方式，这种装订方式成本低廉，制作过程简便快捷，尤其适用于大批量的期刊生产。同时，骑马钉装订可以确保期刊在使用过程中不易松散，读者翻阅时能够方便地保持期刊的完整性。而简易粘胶装订则使用了现代化的胶黏剂，使刊物的封面和页面牢固连接，避免了散页的情况，方便读者阅读。

  尽管《浍源新刊》的装订方式较为简易，但它完全符合当时对刊物功能性与经济性的需求。简装设计不仅使刊物的制作成本保持在可控范围内，也确保了刊物的高效生产与广泛传播。对于当时处于社会变革中的中国而言，经济实用性是出版行业普遍面临的重要考量因素。简装设计和简易装订不仅反映了当时物资匮乏的社会背景，也展示了出版者对读者需求的敏感和对社会责任的关注。

  更为重要的是，这种简朴而实用的装订方式，与《浍源新刊》传递的文化理念相契合。新文化运动倡导思想的解放、文化的更新及社会的变革，而简装设计恰恰体现了对外在形式的简化与内在内容的重视。《浍源新刊》的装帧虽不奢华，但它通过简洁有力的设计，最大限度地突出内容的思想性和时代性。这种设计风格不仅符合民国时期出版物的整体审美趋势，也顺应了社会变革的需求，彰显了《浍源新刊》作为思想传播者和社会改革推动者的责任与使命。

  总之，《浍源新刊》在简装设计、单色印刷及装订方式上的选择，不仅使刊物保持了经济实用性，还体现了新文化运动时期出版物的现代感和简洁风格。通过这种方式，刊物不仅有效地降低了生产成本，还确保了信息的清晰传递和读者的良好阅读体验，同时也反映了当时社会对于内容创新和文化现代化的追求。在当时物资匮乏的背景下，《泺源新刊》的简装设计不仅是对经济效益的考量，更是对社会变革和文化使命的深刻理解和承载。

第二节　印刷工艺：技术与时代的体现

一、活字印刷技术的应用

《洓源新刊》初期为半周刊，出版31期之后，改为周刊。它的铅印版面采用了当时流行的活字印刷技术，这种技术以其灵活性和经济性，成为20世纪初中国报刊出版的主流技术之一。活字印刷技术的引入和普及，使刊物的制作更加高效，并且大大降低了出版成本。

活字印刷的核心优势在于其灵活性，编辑人员可以根据需要随时调整排版，快速完成印刷制作。这种技术在刊物制作中的应用，显著提高了出版的效率和准确性，尤其适用于像《洓源新刊》这样需要定期出版的报刊。与木刻印刷相比，活字印刷制作周期大大缩短，且能够反复使用字模，这为出版商节省了大量的时间和成本。同时，活字印刷提供了更高的印刷质量，使刊物的文字更加清晰，版面更加整齐，从而提升了读者的阅读体验。活字印刷技术的普及，也意味着《洓源新刊》能够及时将新文化思想、教育改革等内容以高质量的印刷方式呈现给广大的读者群体。

《洓源新刊》初期采用4开4版的报纸形式，这一版式设计在民国时期较为常见。4开的版面既能容纳大量内容，又便于分发和阅读。4版的设置使每一期的内容呈现更加丰富，既有新闻报道，也有关于社会问题、教育问题等深度讨论内容，能够吸引广泛的读者群体。然而，随着刊物的发展，31期之后，《洣源新刊》由报纸形式转变为16开大小的杂志。这一变化标志着《洣源新刊》不仅在形式上迎合了时代的出版需求，也体现了期刊从新闻性向文化性、学术性过渡的趋势。16开杂志的形式更加适合进行专题研究和深入的文化讨论，同时也标志着民国时期"报、刊不分"的特点，即期刊和报纸之间的界限并不总是非常清晰，许多期刊在形式上与报纸相似，但在内容和形式上逐渐发展成具有深度的文化传播工具。

在具体的印刷操作上，《洣源新刊》的排版设计精致且有条理，体现出编辑团队对刊物质量的高度重视。刊物中的字体排版注重视觉效果的和谐，以确保文字的排列规范、整齐，既符合传统的审美习惯，又兼顾现代出版物的阅读便捷性。在字体选择上，刊物一般采用较为标准的宋体或楷体，字形端正，清晰易读。排版上，栏目划分明确，标题突出，段落之间空隙合理，使每篇文章的内容都有足够的空间进行表达，避免文字的拥挤，使整本刊物看起来更加舒适和美观。此外，《洣源新刊》在版面设计上极少出现错字，错字率较低，这不仅体现了编辑人员的专业水准，也展示了刊物对内容质量的严格把控。错字的减少和精致的排版，使《洣源新刊》能够在众多刊物中脱颖而出，赢得了广大读者的信赖和喜爱。

更重要的是，《洣源新刊》的铅印和活字印刷技术使其能够更加高效地生产，满足了定期出版的需要。与其他采用手工雕版或木刻版印刷的刊物相比，活字印刷不仅提高了印刷速度，也确保了每一篇文章的排版、印刷质量的稳定性。这种印刷方式的精细化操作，使刊物的整体表现更具专业性。无论是排版的工整度，还是文章的清晰度，都达到了较高的水准。这样的质量控制不仅体现在技术层面，更传达了《洺源新刊》编辑团队对期刊内容和外观的重视，确保了刊物能够以高品质的形象呈现给读者。

总的来说，《洺源新刊》通过采用活字印刷技术，使其在民国时期的报刊出版中走在了时代的前沿。活字印刷技术的使用，提供了更多的灵活性和经济性，使刊物能够以更高效的方式制作并满足读者的需求。同时，编辑团队精致的排版设计和低错字率也展示了刊物的高质量标准。这一切使《洺源新刊》在思想内容和出版形式上都能保持较高的水准，并为新文化运动的发展做出了重要贡献。

二、纸张选材与印刷效果

为了适应地方刊物有限的经济条件，《洺源新刊》在纸张选择上并没有追求昂贵的高级纸质，而是选用了经济实用的普通纸张。这种纸张虽然质地一般，但其在印刷过程中足以支持文字的清晰呈现，满足了刊物对印刷质量的基本要求。对于当时的地方刊物来说，成本控制至关重要，尤其是对于像《洺源新刊》这样需要定期出版的报刊，纸张的选择不仅要考虑经济因素，还需要保证其内容能够顺利地传播给广大的读者群体。普通纸张的使用，既符合了出版方对成本的考虑，又确保了刊物能够在视觉上保持一定的质量，完成信息的有效传递。

虽然《洺源新刊》所用的纸张较为普通，但其印刷质量依然值得肯定。刊物的印刷质量总体较好，尤其是在字体边缘的清晰度和墨色分布的均匀性方面，展现了当时济南印刷工艺的较高水平。即使纸张并非上乘，但通过精细的印刷工艺，刊物在视觉效果上的呈现依然十分出色。字体的边缘清晰显示出印刷技术的精湛，使文字的可读性得到很好的保障。清晰的文字能够帮助读者更轻松地阅读和理解文章内容，从而提高了刊物的信息传递效率和读者的阅读体验。

墨色分布均匀也是《泺源新刊》印刷质量的另一大优点。墨色的均匀度直接关系到文字的清晰程度和整篇文章的视觉效果。尤其是对于文字较多、内容较为复杂的期刊来说，墨色分布不均可能导致部分文字模糊不清，影响阅读。幸运的是，《泺源新刊》能够在纸张相对普通的情况下，依然确保了墨色的均匀分布，这体现了当时济南的印刷技术水平。均匀的墨色不仅让刊物的版面看起来更加整洁，还增强了刊物的整体可读性，避免了因印刷不均而产生的视觉疲劳问题。

《泺源新刊》的印刷质量还反映了济南地区印刷工艺的良好水平。作为地方刊物，《泺源新刊》可能没有条件使用最先进的设备或最优质的原材料，但其制作过程中的精细工艺和对细节的关注，保证了刊物的质量。在那个时期，印刷技术仍在不断发展和创新中，但《泺源新刊》能在有限的条件下，最大化地发挥纸张和印刷工艺的优势，这在当时的地方刊物中是相当出色的。通过精确的印刷技术，刊物的每一页都能够准确地呈现出文字和图像的信息，而不至于发生模糊或印刷偏差的情况，进一步提高了其对读者的吸引力。

除了字体清晰和墨色均匀，《泺源新刊》还特别注重版面的排版设计，使整个刊物在视觉上显得工整而有序。即便在经济条件有限的情况下，刊物依然能够保持较高的设计水平，这也反映在了编辑团队在内容呈现和读者体验的用心上。排版上，栏目清晰、段落分明，使文章内容易于阅读和理解。整体设计简洁而有层次，不仅让读者可以迅速找到感兴趣的内容，而且还保证了刊物在视觉上的吸引力。

总体而言，虽然《泺源新刊》选用了较为经济实用的普通纸张，但其通过精湛的印刷工艺和合理的版面设计，确保了刊物在质量上的优秀表现。字体清晰、墨色分布均匀，以及整体版面设计美观，充分体现了济南地区印刷工艺的水准，也展示了刊物在有限条件下依然能保持高质量的努力。通过这些印刷上的细节，刊物不仅能够传达思想内容，还能够吸引读者的注意，增强其传播效果和影响力。《泺源新刊》用其精致的印刷工艺和高质量的内容，赢得了当时读者的喜爱，并在文化传播和社会变革中扮演了重要角色。

三、图像处理与版画应用

《泺源新刊》受限于当时的技术水平和生产成本，刊物中的插图大多采用了线条图或简单的版画形式。这种简化的插图风格反映了出版方在资源有限的情况下，如何合理利用现有的印刷技术和经济条件来增强刊物的视觉效果。尽管这些插图较为简单，但它们在设计上注重与文字内容的配合，能够有效地辅助说明文章的主题或表达的思想，增强读者的理解和阅读体验。

在那个时期，插图的制作受到技术限制，尤其是印刷设备的局限性使色彩丰富、复杂细腻的插图难以实现。因此，《泺源新刊》选择使用线条图和版画等形式，这些图形形式简洁、线条清晰，适合当时的印刷技术，且能够在有限的空间内直观地传达所需的信息。这些插图不仅与文字内容紧密配合，帮助读者更好地理解文章的核心思想，还在视觉上为版面增添了生动感，避免了整版文字的单调和枯燥。

在文学类文章中，插图的作用则更加多样化。插图不仅能够帮助读者顺利进入文章的情境，增强情感的表达，还能提升整体的艺术氛围。
尽管《浺源新刊》中的插图并不复杂，但它们巧妙地与文章内容结合，
提升了刊物的整体视觉吸引力。版画作为一种较为传统的艺术形式，在
刊物中的应用为其增添了浓厚的艺术气息。版画的粗犷线条和简洁形
式，使这些插图即便在印刷技术有限的条件下，依然能够展现出较强
的视觉冲击力，并与文字内容共同发挥作用，提升刊物的文化气质和
艺术价值。

版画的技术应用使《浺源新刊》在内容呈现上具有了一定的艺术
性。尽管插图的形式简朴，但通过版画所呈现的独特艺术效果，刊物的
视觉表达得到了加强。尤其是在一些具有文化和历史意义的主题下，版
画的使用为刊物带来了更深层次的艺术感。相比于纯文字的版面，插图
通过形式上的创意和艺术处理，使刊物的整体设计感得到了提升，增强
了读者的阅读兴趣。

《浺源新刊》中的插图虽然没有复杂的图形和色彩，但通过简单的
版画和线条图，成功地补充了文字内容，增强了文章的表现力，并提升
了刊物的视觉吸引力。这种设计理念不仅适应了当时的技术条件，也为
读者提供了更加丰富的阅读体验。通过插图，刊物不仅能够在视觉上与
读者建立更紧密的联系，还能够通过图像传达更多的信息，使文字和图
像的结合成了一种有力的传播手段。在当时的出版物中，这种简约而有
效的插图设计，无疑是对有限资源的最优利用，也是《浺源新刊》在艺
术性和传播性之间实现平衡的重要体现。

四、色彩运用：单色为主，强调功能

《浺源新刊》作为民国时期的重要刊物，其印刷设计以黑白为主。

这种色彩的节制反映了当时技术条件的限制，以及成本控制的需求。在那个时期，尤其是在地方刊物的生产过程中，印刷技术相对简单，色彩印刷的成本较高，因此许多刊物选择以黑白为主，辅以单色点缀来减少开支，同时保持一定的视觉效果。尽管色彩应用有限，但《溇源新刊》通过巧妙的设计，充分发挥了黑白印刷的独特优势，形成了简洁而富有层次感的版面设计。

黑白印刷的最大特点是简约和高效。在《溇源新刊》中，黑色作为主色调，能够清晰地呈现出文字内容，而白色则为版面提供了足够的空间，使文字的可读性得到了很好的保障。

尽管没有丰富色彩的装饰，但黑白的对比使每一篇文章都显得更加清晰、有序，避免了过多的视觉干扰。版面上，文字和空白区域的合理安排，使读者能够在清晰的排版结构中轻松找到自己感兴趣的内容。黑白色调的使用，让每一页刊物看起来简洁大方，既符合当时的审美趋势，也提高了刊物的功能性，使其成为一个有效的知识传播工具。

尽管色彩的应用受到限制，《溇源新刊》并未因此失去视觉上的吸引力。通过字体的粗细变化和排版形式的巧妙设计，刊物在简洁的基础上仍然创造出了丰富的视觉层次感。字体的粗细变化是其设计中最为显著的特点之一。在标题和正文的字号设计上，大多数篇章都会采用相对较大的字体来突出标题，使其在视觉上成为版面的焦点，与正文形成鲜明对比。这种做法不仅有助于突出文章主题，也为版面创造了明显的层次感。同时，文章中不同类型的文字——如正文、引言、注释等——通过不同的字体粗细和间距处理，形成了一个有序的视觉结构，使整个版面看起来井然有序，提升了读者的阅读体验。

排版形式的设计同样起到了重要作用。为了进一步提升版面的层次感，《洆源新刊》在文字排版上注重细节，通过合理的行间距、字间距及段落布局的设计，使每一篇文章都能够清晰地呈现出来。通过适当的空白和排版，使文章内容在视觉上得到疏解，避免了信息的拥挤感，使读者在阅读过程中能够更加轻松地获取信息。此外，封面上偶尔使用的单色点缀，也为版面增添了一些变化。尽管整体设计依然保持简洁，但通过点缀的色彩，成功地打破了黑白的单调感，增加了封面的视觉吸引力。这些点缀色的使用，既符合当时出版的成本控制需求，也在一定程度上提升了封面设计的艺术性，使其在众多刊物中脱颖而出。

《洆源新刊》的印刷设计反映了当时技术条件和经济现实的双重要求。在无法大量使用色彩的情况下，刊物通过精心的排版设计和字体的巧妙运用，成功地打造了一种简洁而有层次感的视觉效果。字体的粗细变化和排版形式的调整，创造了足够的视觉冲击力，帮助读者在最短的时间内获取信息。这样的设计不仅满足了读者对内容清晰、可读性的需求，也使刊物在形式上展现了现代化的美感。

综上所述，《洆源新刊》虽然受到印刷技术和成本控制的限制，但其黑白印刷和偶尔使用单色点缀的设计，依然成功地在视觉上呈现出了一种简洁而富有层次感的效果。通过精心设计的排版、字体粗细的变化及空白的运用，刊物达到了内容的可读性和版面设计的艺术性之间的平衡。这样的设计理念，不仅满足了民国时期出版物对实用性的要求，也反映了当时社会对现代出版设计的探索与实践。

第三节　与同时期其他刊物的对比

一、与北京、上海等大城市刊物的差距

相较于北京、上海等大城市的高端期刊，如《新青年》等具有较高影响力的出版物，《泺源新刊》在纸张质量、印刷精度和视觉设计的精细程度上有所不足。这种差异并非源于内容或理念上的差距，而主要与地方经济条件、印刷技术及资源的可得性紧密相关。作为一份主要由学生创办的期刊，《泺源新刊》虽然无法与那些经济发达、出版技术先进的中心城市期刊竞争，但它通过自身的特色和优势，依然在当时的文化圈中占据了重要地位。

地方经济条件是《泺源新刊》面临的一大现实挑战。在民国时期，虽然全国范围内的出版行业正在快速发展，但不同地区之间的经济发展程度参差不齐。尤其是济南这样的城市，其经济基础较为薄弱，无法像北京、上海那样拥有充足的资金投入和丰富的出版资源。济南的印刷工艺虽然在不断进步，但仍然受到技术设备和工艺流程的制约，使刊物的印刷精度和视觉设计相较于大城市的期刊有所不足。

然而，尽管存在这些制约因素，《泺源新刊》依然展现出了独特的

地方特色和文化魅力。刊物更注重地方化的内容呈现与功能性设计，彰显了其服务于本地读者群体的宗旨。与许多高端期刊不同，《泺源新刊》并未单纯追求外在的华丽和精致，而是专注于如何有效传播本地的思想、文化和社会问题。刊物所选择的主题往往与济南及周边地区的社会状况、教育改革等切身问题密切相关。这种地方化的内容设置，使《泺源新刊》不仅是一份文化期刊，而更像是一个地方文化的传播者和社会变革的推动者。在内容上，它更贴近民众的生活，回应地方性问题，从而形成了强烈的本土化情感和社会责任感。

从设计风格上看，《泺源新刊》的质朴风格也充分体现了济南地方刊物的独特性。刊物的设计并没有过多地追求华丽的外观或复杂的视觉效果，而是将重点放在简洁实用的排版和清晰的信息传达上。这种质朴的风格与济南的地方文化相契合，也更加符合本地读者的审美和需求。在那个时代的济南，读者更注重刊物的实用性和思想性，而不是过于奢华的外观设计。因此，《泺源新刊》通过简约而不简单的版式设计，成功地传达了它的文化理念和思想价值，成了当地文化传播和思想启蒙的重要媒介。

此外，《泺源新刊》在设计和版面安排上更加注重功能性，而非追求过多的装饰效果。它的排版布局虽然不如一些大城市的期刊那样精致复杂，却极具实用性和便捷性。通过合理的栏目设置、清晰的版面划分和简洁明了的排版设计，刊物能够有效地引导读者快速找到感兴趣的内容，并轻松获取相关信息。这样的设计虽然没有追求华丽的装饰，却满足了当时社会对高效信息传播的需求，体现了刊物服务读者的基本功能。

总的来说，《泺源新刊》与北京、上海等大城市的高端期刊相比，

确实在某些方面存在不足，尤其是在纸张质量、印刷精度和视觉设计的
精细程度上。然而，它却通过更加注重地方性内容的呈现和功能性设
计，成功地展示了济南地方刊物的独特性与亲和力。通过质朴的风格和
务实的设计，刊物不仅与本地读者建立了深厚的联系，也为新文化运动
在地方的传播贡献了自己的力量。《浨源新刊》虽然无法与大城市的期
刊在外观上比肩，但其在内容深度、社会责任感和地方文化传播方面的
成就，正是它独特价值的体现。

二、与其他地方刊物的相似性

《浨源新刊》与同时期其他地方刊物（如《山东学生》）在印刷工
艺和设计理念上有一定的相似性。这些地方刊物普遍采用了当时较为先
进的活字印刷技术，并且都采纳了白话文作为主要的语言形式。这些相
似之处反映了民国时期地方刊物在技术和文化方向上的共同发展趋势，
即与新文化运动的呼声相契合，主张白话文的普及，推动文化的现代
化，促进社会思想的启蒙。白话文的使用，打破了传统的文言文束缚，
使更多的社会群体，尤其是青少年和知识分子，能够更加容易接触和理
解这些刊物的内容。而活字印刷技术的采用，则代表了中国出版业技术
的一大进步，使刊物的生产速度得以提升，成本降低，从而在更多的读
者中传播。

尽管如此，《浨源新刊》在内容的多样性和视觉设计的清晰度上，
相较于其他地方刊物表现得更为突出。这一点得益于《浨源新刊》编辑
团队在资源有限的条件下展现出的高度创造性和创新精神。虽然《浨源
新刊》的制作和印刷条件相对简陋，但编辑团队却通过有效地利用现有
的资源，充分展现了他们在内容和设计方面的独到之处，使刊物的视觉

效果和信息传达效率达到了一个较高的水平。

首先，在内容多样性方面，《涍源新刊》表现得尤为突出。与许多地方刊物的单一性或局限性不同，《涍源新刊》不仅关注地方性话题，还涵盖了教育、社会、政治、文化等多方面的内容。刊物内常有专栏文章、时事评论、文学作品及对社会问题的讨论，内容充实且紧跟时代步伐。尤其是在新文化运动的背景下，《涍源新刊》紧扣时代脉搏，探讨社会改革、文化启蒙及教育发展等问题，成为推动当地社会变革的重要力量。《涍源新刊》不仅具有深刻的思想性和社会价值，同时也通过多样的文章形式吸引了更多的读者，尤其是那些关心社会、教育和文化变革的青年群体。

其次，视觉设计的清晰度也是《涍源新刊》的一大亮点。尽管当时的印刷技术和纸张条件受限，但刊物的版面设计仍然十分简洁明了，极大地方便了读者的阅读。编辑团队通过合理的排版设计，利用字体粗细的变化和行间距的调整，使每一篇文章都能清晰地呈现其核心内容，同时避免了文字的堆砌和视觉上的杂乱。即使在简约的设计下，《涍源新刊》依然通过巧妙的排版布局展现了层次感和节奏感，这使读者在阅读过程中可以更流畅地跟随文章的思路，迅速抓住要点。相较于许多地方刊物的粗糙设计，《涍源新刊》注重视觉清晰度，通过字体的合理搭配、适当的段落间距、页面布局的平衡，使刊物看起来更具美感，阅读体验更为舒适。

尽管《涍源新刊》的印刷条件有限，但在设计理念上，编辑团队通过极简的色彩运用和合理的图文搭配，使得版面依然保持了一定的视觉冲击力。与当时许多地方刊物相比，《涍源新刊》在视觉上的清晰度更强，图表和插图的使用恰到好处，即使没有过多的装饰，也能有效辅助文字内容的表达。这种简洁而富有层次的设计不仅增强了刊物的艺术感，还有效提升了读者对内容的理解和关注度。

另外，《泺源新刊》注重功能性设计，力求在有限的资源下提供最大的实用价值。每一期的排版和设计都考虑到了信息的有效传达和读者的便利性。内容栏目设置合理、版面清晰，读者可以轻松找到自己感兴趣的部分，快速获取相关信息。在没有高科技印刷设备的情况下，《泺源新刊》能够实现如此清晰和高效的信息传递，显示了编辑团队在设计方面的独到见解和实践经验。

《泺源新刊》内容的多样性和视觉设计的清晰度，不仅增强了刊物的文化影响力，也为当时的地方刊物树立了榜样。它的内容不仅限于学术和知识层面的讨论，还融入了时事、社会问题和文化创新等多维度的探讨，丰富了地方期刊的内涵。而在视觉设计上，它通过简洁、清晰的排版和设计，有效提升了刊物的可读性和美观度，使这本期刊在内容和形式上都具备了一定的特色和优势。

总结而言，《泺源新刊》不仅在内容多样性和思想深度上领先于许多同时期的地方刊物，在视觉设计的精致程度和信息传达的清晰度上也展现了其独特的优势。尽管受限于技术和资源条件，但它凭借着编辑团队的创造性努力和对设计的深刻理解，成功地打破了地方刊物常见的单一性和粗糙感，成为一份具有较高文化价值和社会影响力的期刊。

第四节　视觉设计与印刷工艺的社会意义

一、普及新文化的视觉载体

《泺源新刊》作为新文化运动时期的重要刊物，其简洁的设计与清晰的排版不仅反映了当时时代背景下的文化潮流，也深刻体现了新文化运动所倡导的科学性与民主化精神。这种设计语言的选择，不仅符合了当时社会对现代化和实用性的追求，也有效拉近了刊物与读者之间的距离，尤其是与青年学生和知识分子群体之间的联系。这一设计策略不仅具有时代意义，也在形式上突破了传统出版物的界限，赋予了文化传播新的生命力。

新文化运动提倡的核心理念之一是科学性和民主化，这不仅体现在思想内容上，也同样体现在出版物的形式设计中。《泺源新刊》的简洁设计与清晰排版正是这一理念的体现。在设计上，刊物摒弃了复杂的装饰和过度的艺术修饰，转而追求简洁、直观和高效的信息传递。这样的设计，正是新文化运动提倡科学思维、理性表达的体现。简洁的设计让刊物的每一页都能准确传达思想，而不被繁杂的版面干扰，确保了读者能够在最短时间内获取和理解内容。这种设计风格除了适应当时对实用

性和效率的要求外，也传递出一种现代化的审美，符合当时社会对思想
启蒙和文化变革的迫切需求。

尤其是对于青年学生和知识分子群体，《泺源新刊》的简洁排版有
效拉近了刊物与他们的距离。青年学生和知识分子是新文化运动的主要
推动力量，他们对现代化思想和社会变革有着较高的关注度。《泺源新
刊》以简洁的设计风格迎合了这一群体的审美需求与阅读习惯，让他们
能在繁忙的学术生活中轻松接收到刊物传递的思想和文化。清晰的排版
使信息更加易于吸收，避免因设计过于复杂而产生的视觉疲劳，从而提
高了读者的阅读体验。同时，简洁的设计也体现了对读者的尊重，传递
出一种平等和开放的文化氛围，让读者感受到思想的平易近人。

《泺源新刊》在白话文的普及上起到了至关重要的作用，这不仅是
对新文化运动核心理念的支持，也是对文化传播平等性的追求。与传统
的文言文出版物相比，白话文更容易被普通大众所接受。它直接打破了
文言文对普通读者的限制，使知识和文化的传播不再仅限于上层精英或
学术圈。通过白话文的普及，刊物能够触及更广泛的读者群体，尤其是
那些缺乏高深学问或文化背景的普通市民。白话文的使用让刊物的内容
更加生动、亲民，不仅帮助了广大普通读者更好地理解和消化信息，也
增强了社会的文化认同感。

与此同时，《泺源新刊》所使用的现代排版技术也同样起到了重
要作用。在当时的出版环境中，排版已经不再局限于传统的手工排版，
而逐步引入了活字印刷等现代化的技术手段，使文字的排版更加规范和
精致。这种排版不仅提升了刊物的视觉效果，还进一步加强了信息的传
播效果。排版的规范化让刊物显得更加整洁、易于阅读，同时避免了因
版面过于凌乱导致的信息传递不畅。通过科学的排版设计，刊物能够有

效地组织内容，使读者能够迅速找到自己感兴趣的部分，提升整体的可读性。

总体而言，《洙源新刊》的设计语言充分体现了新文化运动中追求科学性和民主化的核心精神。简洁的设计和清晰的排版，使刊物的内容不仅在形式上便于传达，也在思想上传递了一种平等、开放的文化观念。白话文的使用突破了传统文化的限制，降低了知识获取的门槛，令文化传播变得更加普及和民主。而现代排版技术的引入，则进一步提升了刊物的专业性与影响力，使其能够更好地服务于广大读者，尤其是青年学生和知识分子。

通过这些设计策略，《洙源新刊》不仅满足了当时社会对文化启蒙和思想传播的需求，也为新文化运动的深入发展提供了坚实的支持。

二、推动地方印刷业的发展

《洙源新刊》的出版为济南地区的印刷业带来了新的活力，推动了当地印刷技术的提升和产业规模的扩展。作为一份定期发行的刊物，《洙源新刊》对印刷设备、工艺水平及操作人员的专业能力提出了更高的要求。这一需求不仅促使济南地区的印刷业在技术上不断进步，还推动了整个产业链的现代化发展。为了保证刊物的高质量印刷，印刷承办方不得不引入先进设备，提升生产工艺，改进工作流程，这无疑提升了地方印刷行业的整体水平。通过对高标准印刷质量的追求，《洙源新刊》成功激发了本地印刷企业之间的竞争，促使它们更加注重技术创新与服务质量，从而推动了行业的持续发展。

此外，《洙源新刊》的出版不仅促进了印刷工艺的提升，还带动了与印刷相关的其他行业的发展。如排版、装订、纸张制造等领域随着刊物对印刷质量的高要求不断进行升级，形成了一个相互促进、共同发展的良性循环局面。为了满足《洑源新刊》对印刷品质和生产周期的要求，承办印刷的厂商必须不断改进生产流程，提升纸张质量，美术设计人员也要开始注重现代化的排版方式，力求每一期刊物都达到视觉和功能的完美平衡。这些行业的进步不仅为地方印刷业的现代化奠定了坚实的基础，也为济南地区的经济发展注入了新的动力。

《洑源新刊》的持续发行还在培养印刷技术工人和出版人才方面发挥了重要作用。他们掌握了现代化印刷设备的操作技巧，并且熟悉出版的各个环节。这些技术工人不仅满足了当时出版行业的需求，也为后来的文化传播和产业发展提供了强有力的人才支持。同时，随着《洑源新刊》的持续出版，出版人才逐渐聚集，编辑、设计、排版等方面的人才得到了培养，他们为后来的文化产业发展奠定了基础，推动了出版行业发展。

从《洑源新刊》的视觉设计和印刷工艺来看，尽管刊物诞生于20世纪初期，当时的技术尚不发达，但其精心编排和独特的设计风格充分体现了主办者的工匠精神与创新精神。刊物采用简洁的排版和普及化的白话文，使思想传播更加贴近大众，极大地增强了其影响力。这种设计理念不仅响应了当时新文化运动提倡的文化启蒙理念，也体现了对普通大众的关怀，特别是对教育和社会变革的关注。通过简洁化的排版和易懂的语言，《洑源新刊》将原本较为高深的文化思想和社会问题，呈现给更广泛的读者群体，从而为民众的思想启蒙起到了积极的推动作用。

尽管面临经济和技术条件的限制，《洑源新刊》在印刷工艺上依然力求精益求精，尽可能保证每一期刊物的印刷质量。版面布局合理、内容结构清晰，使读者能够轻松地阅读和理解每篇文章的主旨，提升了整体的阅读体验。在那个时期，印刷技术并不完善，设备也较为简陋，但《洣源新刊》依然在有限的条件下，通过不断改进技术、提高工艺，力求在视觉效果和内容呈现上达到最佳状态。这种努力不仅反映了刊物对品质的追求，也体现了五四时期新文化运动中对现代化的探索精神。

　　《洣源新刊》的视觉设计与印刷工艺不仅是其文化传播的载体，更是其思想内涵的具体体现。通过版面语言、排版设计及整体视觉风格，刊物无声地传递了变革与革新的主题，表现了对现代化、对社会进步的渴望。它的设计风格不拘泥于传统的形式，而是尝试与时代同步，创新性地将内容与形式结合起来，使刊物在思想传播和视觉表达上都具有了较高的水准。作为地方刊物，它不仅成功传播了新文化运动的思想，也为地方文化的现代化发展做出了重要贡献。《洣源新刊》通过其独特的设计和精良的印刷工艺，树立了一个典范，为地方文化与产业的联动发展提供了示范，成为地方文化与技术进步相互促进的一个典型案例。

第七章

"微光"与"洪流":《泺源新刊》的启蒙实践

　　邵培仁指出："传播既是人性的建筑材料，也是历史的建筑材料；人类一切与精神活动或精神文化有关的历史，其实都是传播的历史。历史学是一种静态的内向的研究，通过关注和分析已逝的历史事实为现实服务；传播学是一种动态的外向的研究，通过关注和分析正在发生的传播活动现象为现实服务。"因此，当我们从传播的视角来回溯历史事件，对当时的人们为何做出这样或那样的选择，就能够更好地还原历史真相，更确切地理解这些历史人物的所思所想。

第一节 《泺源新刊》在济南人文历史中的影响

尽管《泺源新刊》只是一份由山东省立第一师范学校的师生创办的小报，但它在济南人文历史中的地位不容忽视。作为一份传播五四精神的地方报纸，它不仅记录了那个动荡时代的社会风貌，也为地方思想解放和文化进步作出了重要贡献。今天，我们回顾《泺源新刊》的历史，不仅是为了追忆过去，更是为了汲取它在思想启蒙与社会责任上的宝贵经验。它的精神与使命，至今仍具有重要的现实意义。

作为一份由学生创办的报纸，《泺源新刊》在济南的教育界和文化界产生了深远的影响，成为五四精神在地方传播的重要载体。

首先，《泺源新刊》推动了新文化运动的思想在济南的普及。通过介绍新书刊、宣传新思想，该报纸将五四运动提出的民主、科学等理念传播到济南的知识分子群体和青年学生中。报纸中的文章激励了当地知识分子和学生群体反思社会问题，加入思想启蒙和文化改革的行列。这种思想的传递，不仅在学校内部形成了浓厚的文化氛围，也影响了更广泛的社会群体。

其次，《泺源新刊》促进了教育改革的讨论和实践。报纸长期关注教育问题，批评旧教育体制的弊端，提出了许多改革建议。例如，它提倡废除传统的科举考试，主张培养学生的独立思考能力和社会责任感。这些思想在济南地区的教育界产生了积极影响，引发了关于教育改革的广泛讨论。

再次，《洑源新刊》还为济南地方文化注入了新的活力。通过发表文学作品和艺术创作，它为当地的文学爱好者提供了一个展示才华的平台，推动了新文学的传播。报纸发表的白话文小说和新诗，不仅是新文化运动的缩影，也成为地方文学史的重要组成部分。

最后，《洑源新刊》在思想启蒙和社会实践中培养了一批具有现代意识的青年知识分子。他们在后来的社会变革中发挥了重要作用。

第二节　基于两步流理论的视角分析《泺源新刊》的传播

　　《泺源新刊》是五四新文化运动时期济南地区重要的文化刊物之一，它不仅对当时的文化和思想进步产生了积极影响，也对后来的社会变革产生了深远的影响。本节将采用拉扎斯菲尔德等学者提出的两步流理论来分析《泺源新刊》的传播路径与效果。

　　两步流理论强调信息传播的双重步骤，即信息首先通过"意见领袖"传递给核心受众，随后通过这些受众进一步扩展至普通大众。通过这一理论，我们可以更深入地理解《泺源新刊》在当时的传播机制，以及其在文化启蒙与社会变革中的作用。

一、两步流理论概述

　　两步流理论（Two-Step Flow Theory）最初由拉扎斯菲尔德（Lazarsfeld）等学者在20世纪40年代提出，旨在解释传播过程中信息的流动方式。该理论主张，信息并非直接从传播者传递到所有受众，而是通过意见领袖这一中介层进行传播。意见领袖是指在某一特定领域具有较高影响力的人群，他们接受信息并进行解读、转化后，再将信息传递给更广泛的普通受众。两步流理论指出，受众不是被动的接收者，而是信息的积极参与者，他们通过意见领袖对信息进行筛选、解读并再传递给其他人。

两步流理论具有重要的应用价值。在20世纪初的中国，尤其是在五四新文化运动时期，尽管媒体的传播途径尚不完善，但通过意见领袖的中介作用，信息仍能有效地传递至广大群众，尤其是文化和思想领域的信息。

"意见领袖"这一名词最早出现于20世纪40年代，是由美国著名传播学先驱——拉扎斯菲尔德在他的著作《人民的选择》（*The People's Choice*）中最先提出的。

1940年，为了调查大众媒介对政治活动的影响，拉扎斯菲尔德领导的哥伦比亚大学研究小组在美国总统大选期间，围绕大众传播的竞选宣传，对选民进行调查，以证实大众传播媒介在影响选民投票方面所具有的力量，即著名的"伊利县研究"。拉扎斯菲尔德等人发现，大多数选民获取信息并接受影响的主要来源并不是大众传媒，而是一部分其他的选民。这部分选民频繁地接触大众媒体，对有关事态了如指掌。于是，一部分选民便从他们那里间接地获得重要信息，并且听取他们对许多竞选问题的解释。这一部分选民就被拉扎斯菲尔德等人称为"意见领袖"。来自媒介的消息首先抵达意见领袖，接着，意见领袖将其所见所闻传递给其追随者。这一过程就是著名的"两级流动传播"。

两步流理论形成之后，很多传播学者对其进行了研究和完善。其中，美国社会学家罗杰斯的研究较具有代表性。罗杰斯指出："大众传播分为信息流和影响流，信息流即媒介信息的传播是一级的，它可以像人们感觉的那样直接到达受众；而影响流的传播则是多级的，要经过大大小小的'意见领袖'才能抵达受众。"❶最终，两级流动传播向多级传播理论扩展。

意见领袖，是指在人际传播过程中经常为他人提供信息、同时对他人施加影响的"活跃分子"。他们将从大众传媒获得的信息扩散给受众，在两级传播过程中起着重要的中介或过滤作用。他们的地位一经形成，便具有一定的稳定性和长期性。因为人际关系网络的形成是一个长期的过程，并且一经形成便具有稳定性和扩张性。意见领袖通过展示自身某些方面的优势而得到关系网中其他成员的认可，其地位一般不会在短期内动摇。

二、应用两步流理论分析《洓源新刊》的传播路径

《洓源新刊》于20世纪20年代初期在山东济南创办，伴随着五四文化运动的浪潮而诞生。它的办刊宗旨是在济南乃至山东地区传播新文化思想，倡导民主、科学、个性解放及社会变革。作为地方性刊物，《洓源新刊》在传播过程中依靠的是济南的文化、学术精英群体，特别是山东省立第一师范学校的知识分子和青年学者。通过他们的传播和推广，《洓源新刊》成功地将新文化运动的理念从局部的知识分子群体传播到了广大的普通民众中。

《洓源新刊》作为一种媒体，它的传播路径符合两步流理论的基本框架。信息首先通过济南地区的知识分子和文化领袖传播，随后通过这

---

❶ 郭庆光. 传播学教程［M］. 北京：中国人民大学出版社，1999：196.

些意见领袖将信息转化并传播给更广泛的受众。这一过程的关键在于意见领袖的作用——他们不仅是《泺源新刊》内容的接受者和解读者，还通过自己的影响力将这些新文化思想传递给更广泛的群体。以下将从两个方面详细分析《泺源新刊》的传播过程。

（1）意见领袖的角色

《泺源新刊》的主要意见领袖群体由济南的知识分子、学者及社会活动家组成，尤其是山东省立第一师范学校的师生。该校作为当时新文化运动的核心阵地，培养了大量具有现代思想的青年学子和知识分子，他们成为《泺源新刊》的主要支持者和传播者。

例如，王尽美、邓恩铭等文化名人，他们不仅在思想上积极倡导新文化，还通过《泺源新刊》传播这一思想。这些人不仅是刊物的核心编辑和撰稿人，更是思想传播的中介者。通过他们的积极参与，《泺源新刊》的内容得以在济南的学术圈和文化界迅速传播。更重要的是，意见领袖通过讲座、集会、私人社交和学术交流等形式，将《泺源新刊》的内容传递给身边的人，进一步扩大了刊物的影响力。

（2）受众群体的反应与扩展

在两步流理论中，第二步是意见领袖将信息传递给广泛的受众群体。《泺源新刊》通过其创办者和参与者的影响力，成功地将信息从知识精英群体扩展到了更多的普通民众。济南的学生、知识分子及工人阶级的部分成员成了《泺源新刊》的重要读者群体。尽管《泺源新刊》并非覆盖所有社会阶层，但它的影响力在一定范围内形成了广泛的社会共识。

例如，在山东省立第一师范学校的教师和学生之间，许多人通过《泺源新刊》获得了有关民主、科学、文化改革等方面的信息，并通过学术交流、社会活动等方式将这些思想传播给周围的人。这些人作为次级受众，通过自己的社交圈和日常生活中的对话，将刊物的思想进一步传播。可以说，《泺源新刊》通过这一传播路径，将新文化的种子撒播到了济南乃至山东地区的更广泛人群中。

三、两步流理论下《泺源新刊》的传播效果

根据两步流理论，信息传播的效果并非只依赖于信息的传递，还与受众如何接收和解读信息密切相关。对于《泺源新刊》来说，传播效果的关键在于其是否能够在济南地区产生实际的社会和文化影响。

（1）思想启蒙与社会影响

《泺源新刊》的传播不仅使济南地区的知识分子和青年学子受到了新文化思想的启发，也推动了社会的文化变革。通过刊物的传播，更多的人开始接受科学、民主和个性解放等理念，反思传统文化的束缚，追求更加自由和开放的社会制度。这一过程体现了两步流理论中受众解码的作用——受众并非简单地接受信息，而是对信息进行解读和转化，形成文化认同和思想认同。

受五四时期各种进步报刊的影响，越来越多接受民主革命思想的青年人，积极投身于轰轰烈烈的国民革命运动中。例如，经过进步报刊的影响及五四运动的洗礼，以王尽美、邓恩铭为代表的山东优秀青年，逐步成长为山东乃至中国的政治、军事、思想和文化等领域的精英分子。❶

---

❶ 董爱玲，纪桂霞. 五四时期山东报刊对齐鲁社会变迁影响研究［J］. 临沂大学学报，2024（3）：134-142.

（2）促进地方文化发展

《泺源新刊》不仅推动了济南地区的思想变革，还在一定程度上促进了地方文化的发展。济南作为一个文化底蕴深厚的城市，通过《泺源新刊》这样的媒体，地方文化受到了新文化思想的影响，传统的儒家文化与现代的民主科学思想开始碰撞与融合。通过这一传播过程，济南不仅成了五四运动的一个重要阵地，也为地方社会的文化创新提供了支持。

通过运用两步流理论，我们可以更深入地理解《泺源新刊》的传播路径与效果。从知识分子和文化领袖的作用到受众群体的解码与传播，再到最终的社会影响与文化变革，《泺源新刊》充分展示了新文化思想如何通过这一传播机制传播到更广泛的社会阶层。两步流理论帮助我们识别了《泺源新刊》传播过程中的关键因素，包括意见领袖的作用、信息的接受与解读及最终的社会文化效应。总之，《泺源新刊》的传播不是一个简单的信息传递过程，而是通过多层次的社会互动与思想碰撞，推动了地方文化和社会的深刻变革。

第三节 《泺源新刊》的传播与封建主义
和帝国主义的对抗

　　《泺源新刊》作为20世纪初期五四新文化运动中重要的地方刊物之一，不仅促进了新文化思想的传播，也在济南地区及周边地区的文化变革中发挥了不可忽视的作用。尤其是在新文化运动的背景下，《泺源新刊》能够有效地对抗封建主义及帝国主义，捍卫了进步思想阵地。

　　纵观传播史，西方曾经历过由政党主导办报时期，而我国从来就把媒体作为开启民智的利器和宣传政治主张的先锋，这均说明了媒介在"争霸"过程中的巨大作用。只有当政党利用媒介获得市民社会对自己意识形态的认同时，政党的统治或领导地位才能真正获得历史的合法性。在此意义上，"霸权"理论正好契合了媒介"赋予地位"的功能说。❶从这个角度来看，我们可以更好地理解《泺源新刊》在新文化运动中的作用。

---

　　❶ 郭庆光. 传播学教程［M］. 北京：中国人民大学出版社，1999：115.

二、《泆源新刊》与封建主义旧思想展开对抗

五四运动作为新文化运动的高潮，标志着中国社会思想的激烈变革。这场运动不仅是中国现代化进程中的重要转折点，也是思想解放、文化更新的重要时刻。新文化运动倡导科学、民主、平等、个性解放和思想自由，主张要摆脱封建文化的束缚，推动中国社会从封建传统向现代文明转型。五四运动所提倡的思想，不仅是对政治制度的反思，更是在文化领域的现代化变革。然而，封建文化作为中国封建社会的主流思想体系，仍然在社会各个层面占据着主导地位。尤其是在知识界、教育领域及社会道德观念中，封建思想依然发挥着巨大的影响力，并且在很大程度上塑造了中国社会的价值观和世界观。

尽管清朝的灭亡、辛亥革命的爆发等历史事件摧毁了旧有的封建政权，许多传统的政治体制和统治结构发生了变化，但在思想文化层面，封建礼教的根基依然深厚，长期的传统观念对社会各阶层产生了深远的影响。特别是那些在封建社会中占有特权的士绅阶层，他们通过掌控教育、文化生产和社会制度，维持着对民众的思想控制，确保了封建文化的延续和其在社会中的主导地位。

《泆源新刊》作为新文化思想的重要传播载体，在这一过程中扮演了重要的角色。该刊物不仅传递了民主、科学等现代化思想，还通过批判性反思，挑战了封建文化的地位。《泆源新刊》在具体的内容呈现上，采用了白话文这一形式，使其内容更加通俗易懂，从而扩大了受众群体的范围，尤其是年轻一代的学生和知识分子。在这一过程中，《泆源新刊》通过公开质疑落后的旧观念，推动对传统文化的深刻反思和批判。该刊倡导科学理性，呼吁个人的解放与独立思考，反对封建礼教对

个人自由的压制，提出了许多改革性意见和文化批判，与传统文化霸权形成对抗之势。

《洙源新刊》不仅关注社会问题，还对传统的文化规范进行深刻剖析。例如，刊物中对传统家庭观念、对女性地位的重新评估，提出了性别平等和个人自由的重要性，这些内容无疑是对封建礼教的强烈反击。在思想内容上，《洙源新刊》积极倡导新文化运动的核心价值观，呼吁摆脱传统儒家思想的束缚，强调科学的理性思维和个体自由。这种批判性的立场，使《洙源新刊》成为了五四时期反封建、反礼教的重要阵地之一，也为现代化的社会思想提供了有力支持。

三、《洙源新刊》在反帝国主义运动中的阵地战

19世纪末，近代山东因其独特的地缘位置，逐渐被卷入列强争夺的漩涡，从默默无闻到成为列强争霸之地。随着国际形势的变化与日本实力的增强，日本对山东的认识影响着近代日本对山东知行的选择，呈现出自身的特点。

17世纪中叶的明清鼎革，则被日本视为中国"以夷变夏"的历史转折。中国先后在1840—1842年、1856—1860年两次鸦片战争中失败，被迫与英法等列强签订不平等条约，割地、赔款、开埠、通商，逐步陷入半殖民地半封建社会，遭遇数千年未曾有之变局。江户中后期，"尽管日本的对华观正在发生裂变，但其传统的慕华、畏华意识依然在社会中广泛存在，这种意识的改变是从鸦片战争开始的"。❶中国在鸦片战争

---

❶ 杨栋梁，等. 近代以来日本对华认识及其行动选择研究［M］. 北京：经济科学出版社，2015：68.

中的失败，使日本古来仿效的楷模轰然倒塌。

1915年日本提出灭亡中国的"二十一条"，不但要占领山东，还欲将中国变为日本的附属国。

五四运动中的"反帝"，落实到山东地区，主要就是反对日本帝国主义。在第一次世界大战之后，日本想要代替德国在山东的地位，继续攫取利益。除了在山东地区大肆进行的制钱和贩钱、开采煤矿等活动，日本还加紧在舆论圈的运作。

考察外国人在华办报的历史，不难看出，早期外报都是由以英、美为主的西方传教士所创办的。日本人开始在中国创办和经营报纸，时间上远晚于英、美等国，但随着甲午战争和日俄战争爆发后日本在华势力的逐步扩张，使其后来者居上，在创办报纸的数量和影响力上，都远超同时期的其他国家。❶

周佳荣在《近代日人在华报业活动》一书中指出，1912年—1931年是日本在华报纸的全面扩张期，1921年后，有30余种的日系报纸从晚清延续到民国。这些报纸是具有非常明显政治动因的宣传工具。❷20世纪初，在山东地区众多的报纸、杂志中，也有一部分受亲日势力操纵。比如，创刊于1916年的《济南日报》，在当时就是由亲日势力创办的报纸，主编为毕学琛（音译），日发行量约1000份。它是同时期8家报社中言论最自由的报纸，但是由于韩复榘禁止报馆发表社论，所以该报的

❶ 陈秋旭. 1918年—1928年《泰东日报》宣传报道研究 ［D］. 长春：东北师范大学，2021.

❷ 周佳荣. 近代日人在华报业活动 ［M］. 长沙：岳麓书社，2012.

言论从未得到过其他报纸的力挺或呼应。❶

《泺源新刊》的重要历史任务之一，是为有识之士提供一个发声的平台，积极呼吁唤醒民智，特别是警惕日本帝国主义对我国土地和资源的侵略企图。在《泺源新刊》的引领下，以及山东省立第一师范学校等进步学生团体的支持下，"抵制日货"成了这一时期反帝运动的重要实践之一。通过刊物的传播，知识分子和学生群体不仅意识到日本帝国主义的威胁，还积极参与抗议活动中，促进了社会对抗外来侵略的广泛关注与行动。

我们可以更清楚地看到，《泺源新刊》作为一种媒体形式，在传播过程中挑战了当时中国社会中占主导地位的封建意识形态。通过传播新文化思想，它逐步改变了济南乃至山东地区知识分子的思想观念，有力地对抗并逐步瓦解了长期根深蒂固的封建主义，对于帝国主义的文化侵略也有清醒的意识和顽强的抵抗。《泺源新刊》不仅作为新思想的传播者，推动了思想解放的进程，还在思想层面上对抗了旧有的社会结构和文化权力，进而为社会变革奠定了思想基础。

四、《泺源新刊》尝试建立的文化领导权

1. 推动现代教育理念的普及

《泺源新刊》作为五四时期的重要刊物，不仅在文化和社会领域产生了深远的影响，也在教育思想方面发挥了重要作用。通过鲜明的教育

---

❶ 李易. 民国《济南日报》广告研究（1925—1937）［D］. 南昌：南昌大学，2024.

理念，该刊挑战了长期以来占据主导地位的传统封建教育观念，尤其是儒家教育体系的束缚。传统的儒家教育深受科举制度和封建等级制度的影响，强调道德伦理、孝道和家族传承等，极力维护社会阶层的固化和等级观念。而《泺源新刊》通过提倡现代教育理念，鼓励学生和知识分子摆脱这种束缚，拥抱更加科学、民主和实用的教育方法，成为反抗传统教育的有力工具。

传统的儒家教育强调的是道德伦理，尤其是对儒家经典的学习，强调通过教育培养个人的德行和家庭责任感等。这种教育方式将家庭教育和家族传承视为文化的根本，家庭成为社会秩序的基本单位。而这种教育理念，尤其是家庭为单位的道德传承观念，实际上起到了固化社会阶层、维护封建文化霸权的作用。传统的教育体系通过科举考试这一形式，严格限定了社会的上升通道，保持了知识阶层的封闭性和等级性。这种教育不仅注重道德教化，更通过教育系统加强了对个人自由的压制，尤其是对下层民众和女性群体的压制。科举制度的普及，使知识被上层阶级垄断，社会的思想和文化始终难以发生根本的改变。

然而，《泺源新刊》却大胆提出了对传统教育体制的批判，特别是在其所倡导的现代教育理念中，提倡教育应该服务于社会和人民的实际需求，推动民主化、科学化的教育进程。该刊大力倡导教育不应仅局限于传统的儒家经典和道德伦理的传授，而应注重科学知识、实用技能的培养，提倡理性、批判性思维的培养。刊物中刊登了许多有关教育改革的文章，强调教育应当关注个人发展、启发思维、尊重个性，注重学生的独立思考能力和创新精神。这些观点显然是在与传统的科举制度和封建等级制度对抗，尤其是在科举制度严重限制了个人自由与社会流动的背景下，该刊所提出的现代教育理念显得尤为重要。

　　《泺源新刊》的教育理念，尤其是其提倡实用性、民主性和科学性的教育方法，不仅为当时的知识分子和学生提供了新的思想启蒙，也为教育体制的变革提供了理论支持。通过推广现代教育思想，该刊不单纯是知识的传播者，更是思想变革的推动者。它使越来越多的读者开始反思传统教育体系中的问题，认识到仅依赖传统的经典和道德教育，已经无法适应社会的快速发展和现代化的需求。尤其是在反对封建等级制度和科举考试的背景下，该刊的这一教育主张具有鲜明的进步倾向。

　　《泺源新刊》不仅批判了传统教育体制的封闭性和等级性，也提出了教育应当面向未来，培养能够适应社会需求的创新型人才。这一理念与当时社会对个人自由、民主化改革的呼声相一致。刊物通过大力倡导科学的教育理念，为新的教育观念的普及奠定了基础，促进了教育体制的逐步改革。《泺源新刊》不仅推动了知识界对教育体制的深刻反思，也在一定程度上推动了整个社会对传统封建文化体制的批判和变革。

　　2．文学创作的自由与个性解放

　　在文学创作方面，《泺源新刊》明确提倡"文学为人生服务"的理念，强调文学应该关注社会现实，反映人民生活，并且为社会进步和人民解放提供精神动力。该刊鼓励作家从现代社会的需求出发，创作能够推动思想解放、促进社会变革的文学作品。这一立场与传统的"文人文学"有着显著的对立。传统的文人文学通常受到封建等级制度、伦理道德及家族观念的深刻影响，许多文人的创作往往围绕着家族、宗族的荣耀、个人的道德修养及维护社会秩序的伦理标准。而《泺源新刊》所倡导的文学创作，则力求打破这些束缚，鼓励作家关注社会现实，关注个体的生活和情感，提倡文学应为个人自由和社会进步发声。

　　传统的文人文学主张"文为教"，即文学创作应当以教化、传承道德为目的，承载着道德教化和伦理规范的责任。许多传统文学作品虽然具有高深的艺术价值，但往往脱离了社会生活的实际，或者停留在对社会现实的美化与理想化上，而缺乏对社会问题的深刻反思和批判。尤其是在封建等级制度和伦理道德的压迫下，文学创作更常常局限于上层人士或特权阶层的生活，形成了文人文学的封闭性和局限性等问题。儒家文化中的"以文为教"思想更是加强了文学创作的道德性和规范性，将文人文学与社会的深层矛盾和个体的自由表达对立起来。

与此不同，《泑源新刊》支持的文学创作不仅满足于传达道德教化，还提倡对个性的自由表达，尊重创作者的思想与表达自由。这一立场，直接挑战了儒家文化中"以文为教"的传统观念，宣扬了文学应当为个体自由、社会进步和思想解放服务的理念。该刊认为，文学不仅应当反映社会现实，揭示社会问题，还应当成为表达个体思想和情感的重要途径。通过支持这种自由创作，《泑源新刊》促进了文学创作的多元化和创新，为文学界注入了新的活力。

这一文学立场的变化不仅是对文学形式的解放，更是对封建文化的深刻反思与反抗。在封建社会，文学作为一种文化形式，长期以来被赋予了"教化"社会、塑造道德观念、强化等级制度的功能，而《泑源新刊》则突破了这一局限，提出文学应当服务于社会和人生的发展，成为推动社会变革的力量。该刊倡导作家关注普通人的生活，反映社会的复杂性和多样性，尤其关注下层民众的疾苦和对社会制度的反思。这种文学创作的立场显然与传统文人文学的理想化、抽象化的创作风格形成了鲜明对比。

《泑源新刊》不仅在文学上推动思想的解放，还通过支持个性解放，为青年学生提供了一个思想表达的平台，鼓励他们不受封建道德的束缚,敢于创新,敢于挑战既有的文化规范。这一立场对当时的青年文化产生了重要影响。许多青年学生开始反思传统的文化规范,意识到文学不仅能够传承道德和文化,还是个体自由和社会进步的载体。在《浍源新刊》的影响下,越来越多的青年文学创作者敢于挑战传统的束缚,勇于表达个人的情感与思想,推动了文学创作向更加自由、多元和现实的方向发展。

通过提倡个性解放和文学自由,《浍源新刊》不仅突破了封建文化对文学的束缚,更为中国文学的现代化奠定了基础。该刊的文学立场强调文学创作应当与社会和人生紧密相连,为社会变革提供理论支持和文化力量。这一立场深刻影响了五四时期的文学创作和思想运动,也为后来的中国文学发展提供了宝贵的思想资源和创作理念。可以说,《浍源新刊》在文学上的创新与挑战,是其对封建文化霸权的反思与反抗。

总的来说,《浍源新刊》通过推动对封建文化的批判、对教育改革的倡导及对个性解放的支持,为中国的文化现代化和社会进步作出了贡献。作为一份进步刊物,《浍源新刊》的主张与实践为社会的进步贡献了自己的力量,这一点尤其值得今天的出版业借鉴。

第八章
《泺源新刊》的历史意义与现代启示

第一节 《洙源新刊》对山东文化和教育的历史贡献

作为山东省立第一师范学校的刊物，《洙源新刊》首先对于本校的教员及学生产生巨大的影响。

被尊称为"山东的胡适之"的王祝晨（1892—1978年），被看作新文化运动在山东的一面旗帜。五四运动后，王祝晨被聘任为山东省立第一师范学校的教员兼附小主任，一师附小在他的主持下，开新派教育之先河，"首先聘请女教员，添招女生，实行男女同校，并采用白话文教科书"❶，他又派教员赴北京国语讲习所学习，回来后推行国语教学。他还组织小学教材研究会，自行编辑活页教材，努力施行自己的教育主张，扩大新文化运动在山东的影响力。1922年秋，王祝晨出任山东省立第一师范学校校长，一方面健全学科，增设体育、艺术、音乐等专修科，为中学培养了大批的教员和专业人才；另一方面，他整理充实图书

---

❶ 张秀英. "山东的胡适之"——王祝晨在山东新文化运动中 [J]. 山东省青年管理干部学院学报，2021，3（2）：72-73.

馆、实验室，添置体育设备、中外乐器，聘请女教师授课，邀请国内外名教授到学校授课或演讲，鼓励学生组织读书会、讲演和辩论会、平民教育和会等，采取一种大包围的教育方法，使学生耳闻目睹皆是教育学术的新环境，不仅扩展学生的眼界，也让学生有了服务社会的意识。王祝晨还发起组织"尚学会"，主编会刊《新文化介绍》；出任山东省立第一师范学校校长后，亲自主编《一师周刊》，对学生进行科学与民主的宣传。作为该校的重要教育者，他对于学校乃至整个山东教育界，都有着深远的影响。

党的"一大"代表王尽美同志不但是建党初期山东党组织的杰出的创建者和领导者，而且是一位卓越的宣传家和革命报刊的编撰者。❶

根据历史文献和有关资料的记载，王尽美同志创办和主编过的革命报刊，仅在五四时期就有六七种之多。例如，他于1920年创办的《励新》半月刊，1921年创办的《济南劳动周刊》（出版不久休刊，1922年复刊，改名为《山东劳动周刊》），1923年创办的《十日》旬刊，以及《齐鲁青年》和《现代青年》。与此同时，他还在山东省立第一师范学校读书的时候，参加了校刊《洙源新刊》的编纂工作。

虽然从现有资料来看，还不能证实王尽美同志是该刊的编辑员，但可以肯定，与王尽美同班的同学王志坚（又名石佛，当时是马克思学说研究会和山东共产党小组的成员）是该刊的主要编辑之一。

《洙源新刊》的内容以研究教育特别是以研究师范教育为主，但也

---

❶ 牟钧，纪镇西. 王尽美同志与《洙源新刊》[J]. 山东图书馆学刊，1982（4）：52-54.

有其他方面的专栏，如"论坛""学艺""通讯""本校纪事""小说"和"新诗"等。该刊的作者虽然立场、观点不尽相同，却具有反帝、反封建的共同特色，堪称五四精神的传播者和旧教育的批判者。《洙源新刊》还有其他方面的重要且丰富的内容，如关于提倡男女平等，关于揭露封建宗法思想，关于教学方法等方面。

值得一提的是，王尽美和王翔千参与了《山东劳动周刊》的创刊。该刊大量报道各地组织起来的工人与帝国主义、北洋军阀和中外资本家的英勇斗争，揭露了帝国主义、封建主义和军阀、资本家对工人的残酷剥削和压榨，号召工人团结起来，为争取解放而斗争。该期刊的诞生，标志着山东工人阶级的觉醒，并开始成为一支独立的政治力量登上历史舞台。❶

《洙源新刊》作为有着固定出版周期的刊物，先为半周刊，后改为周刊，有着宣传的稳定性与持续性。在山东省立第一师范学校进步师生的影响和推动下，这个刊物促进了整个山东地区的新文化传播与新式教育改革，影响深远。

---

❶ 刘衍琴. 民国时期山东报业概述 [J]. 新闻大学, 1996, (1): 40-42.

第二节 《泺源新刊》的传播影响分析

　　《泺源新刊》作为20世纪初济南地区的重要刊物，诞生于五四新文化运动的浪潮之中，在传播新思想、推动社会变革、普及教育和文学发展等方面发挥了重要作用。它不仅是济南地方文化的代表性刊物，也是五四新文化运动在地方实践的缩影。从传播内容、传播手段到社会影响，《泺源新刊》在思想启蒙和社会变革中具有深远意义。

一、传播内容分析：思想启蒙与社会关怀并重

1．传播新文化运动的核心思想

　　《泺源新刊》立足于五四新文化运动的理论基础，积极宣传科学与民主的核心理念。它主张个性解放、思想自由和文化创新，体现了五四精神在济南地区的具体实践。作为一份文化刊物，《泺源新刊》不仅关注社会现实，还深入探索文化与思想的变革，推动了知识分子对传统束缚的突破。

　　该刊通过大量刊登政论文章、思想评论和社会时事分析，聚焦当时社会面临的各类问题，尤其是对封建礼教与传统观念的批判。例如，刊

物中多篇文章直指当时仍根深蒂固的封建婚姻制度、家长制社会及男女不平等现象，提出个体自主和思想解放的必要性。这些文章常常深入剖析传统观念对社会发展的压制作用，批判旧有社会结构对个人自由的限制，强调科学与民主在社会改革中的重要性，倡导理性思维和现代化的社会价值观。

除了批判封建思想，《泺源新刊》还通过一系列探讨现代文化的文章，帮助读者理解新文化的思想内涵。它不仅关注文学创作和教育改革，还探讨社会政治制度的变革，倡导现代国家观念与公民权利的普及。通过讨论这些议题，该刊推动了当时济南及周边地区读者对新思想、新价值观的认同和接纳。它通过以批判和讨论为主的文章形式，促进了地方社会思想的变革，增强了个体的文化觉醒和社会责任感。

通过这些思想评论与社会问题的深入探讨，《泺源新刊》逐渐成为五四精神在济南的传播阵地，为读者提供了一个理解和接受新文化思想的平台。这不仅是一场文学与文化的革命，也是一次对社会各阶层思想和价值观的彻底洗礼。

2. 关注底层民众的生活与困境

作为一本积极推动社会变革与思想启蒙的刊物，《泺源新刊》不仅在思想理论层面上做出了突出贡献，还通过其文学作品和社会报道，关注并揭示了社会底层民众的艰难处境。这些文学作品和报道为刊物增添了深厚的社会人文关怀，使其不但服务于知识分子群体，而且让普通民众感受到了文化的温度，增强了刊物的社会影响力。

其中，滕孟远的《灾民泪》是一篇具有极高社会价值和文学意义的作品。该文通过白描手法生动细腻地描写了灾难中的民众生活，刻画了灾区百姓在自然灾害面前的无助与痛苦。这种写作手法摒弃了浮夸的修辞和抽象的表达，通过简单而精准的描写，将灾民在饥寒交迫中的挣扎与求生的无奈呈现给读者。通过对灾民的眼泪、饥饿、疾病和死亡的刻画，滕孟远没有简单地抒发悲情，而是深入社会底层的生活细节，展现了人性在极端困境下的脆弱与坚韧。

《灾民泪》的叙述不仅具备强烈的现实主义色彩，还触及了社会不公和贫富差距的问题。文章揭示了在灾难面前，社会的资源分配和政府救援的不足让底层民众陷入了更深的困境。滕孟远用平实的语言描写了灾民的悲惨处境，同时也通过细节展现了他们对美好生活的渴望与对命运的不屈抗争。这样的描写不仅让人心生同情，也激发了人们对社会责任和对弱势群体的关怀和思考。

这种关注社会底层民众的文学作品，使《泺源新刊》与广大普通读者的距离大大缩短。虽然刊物的主旨仍是推广新文化、宣传科学与民主，但通过这类关注民生、揭示社会不公的作品，该刊显然拓宽了其受众范围，不再局限于知识分子或精英阶层。《泺源新刊》不仅是文化知识的传递者，它也为普通民众提供了一扇了解社会问题、关注民生困境的窗口。这种作品的发布，不仅满足了知识分子对现代文化的需求，也同样关注到广大民众的生存现状，扩大了刊物的社会影响力。

此外，该刊还通过不断刊载类似的民生关注作品，强化了其作为社会变革推动者的角色。它不单纯是思想的传播者，还是社会责任的呼唤者。通过文学创作与社会报道的结合，《泺源新刊》将文学的艺术性与社会的现实性紧密结合，使文化不仅停留在学术讨论的层面，而是与民众的日常生活和社会现实紧密相关。这种结合使刊物在思想启蒙之外，也具备了社会引导和变革的功能。通过这样的作品，《泺源新刊》展示了其文化担当和社会责任感。它通过关注底层民众的生活，推动了社会对不平等现象的反思，为知识分子群体提供了一个表达社会关怀的平台，也为普通民众提供了一个文化认知的空间。通过这种民生文学的传播，刊物打破了知识分子与普通大众之间的壁垒，使其成为一个更具社会广泛性和普遍性的文化载体。

可以说，《泺源新刊》通过像《灾民泪》这样的作品，强化了其在文化传播中的社会责任感，不仅服务于知识分子群体，也积极地影响了普通百姓，扩展了其社会影响力。它通过对社会底层民众的关注，推动了社会对民生问题的反思，进一步证明了文学与思想启蒙的双重力量。这类关注社会不公和弱势群体的文学作品，为《泺源新刊》赢得了更广泛的社会认同，也使它成为山东新文化运动中不可或缺的重要组成部分。

3. 推动教育改革与思想普及

《泺源新刊》作为一份进步读物，被称为山东新文化运动"马前卒"，不仅为启发济南乃至山东学子心智，倡导新思想起到了无可替代的引导作用，而且更加令人瞩目的是，在《泺源新刊》第7号、第10号、第11号和第12号上，还刊载有王尽美（署名王俊瑞）所撰写的《乡村教育大半如此》《我对师范教育的根本怀疑》两篇教育论文。❶

在《我对师范教育的根本怀疑》一文中，王尽美指出："山东教育无论城市教育、农村教育，我们形容它的状况，尽可以'腐败黑暗'四字了之"，矛头直指腐败陈旧的旧教育。从其选登的文章，可见刊物鲜

---

❶ 滕天宇，滕长富. 山东新文化运动马前卒《泺源新刊》［N］. 人民政协报，2022-05-09.

明的风格特色。《泺源新刊》的撰稿者包括王志坚、靳鸿训等教育家，他们探讨教育问题，讨论小学教育的教学方法、课程设计等问题，为地方教育改革提供了理论指导。它还宣传现代教育理念，如科学教育和职业教育，促进了山东地区传统教育向现代教育的转型。

4．扶植新文学与文化传播

《泺源新刊》还通过大量新文学作品的刊载，推动了新文学运动在地方的蓬勃发展。刊物上发表的白话小说、散文和诗歌，符合了新文学的核心理念，既在形式上摆脱了传统文学的束缚，也在内容上紧跟时代潮流，关注社会现实，尤其是反映当时社会变革中的矛盾和问题。这些作品不仅展示了文学艺术的创新，也为当时的读者提供了一个思考社会、探索自我、寻求文化认同的平台。

通过这些形式丰富、内容深刻的文学作品，《泺源新刊》在传播思想方面发挥了重要作用。文学作品的感染力往往远超单纯的理论阐述，它通过生动的故事、细腻的描写和激昂的情感，使抽象的思想更易被接受和理解。尤其是在新文化运动的背景下，这些文学作品不仅满足了大众的阅读需求，还成功地将思想与情感结合，使读者在享受文学艺术的同时，潜移默化地接受新的思想观念。

例如，许多新文学作品中的主人公是一些敢于挑战传统、追求自由和自我解放的青年群体。通过这些人物的塑造，作品展示了个人与社会、传统与现代、压迫与解放之间的冲突，进而推动了新文化思想的普及。读者在阅读这些作品时，不仅被其情节所吸引，也在潜移默化中受到思想的启迪。文学作品成了新文化传播的载体，它让思想在更加广泛的社会群体中得到了传播和认同，特别是在知识分子群体和青年学生中间，激发了他们对现代化社会的向往和追求。

此外，刊物中的这些文学作品，既展示了文学创作的艺术性，又具有强烈的社会责任感。它们通过对社会问题的关注和对现实矛盾的剖析，推动了社会对现代文明和新思想的关注，起到了积极的社会引导作用。这些作品不仅是文学艺术的创作，也是思想启蒙和文化自觉的体现，它们通过文学的形式传播思想，拓宽了社会对现代文化的认知和接受度，增强了思想传播的深度与广度。

总之，《洓源新刊》通过大量新文学作品的刊载，既推动了新文学运动在地方的发展，也为当时的读者提供了更多的思考和文化滋养。这些作品通过贴近社会现实、关注民生问题、激发个人解放与社会进步的主题，在形式和内容上紧跟时代潮流，符合了新文学运动的宗旨。它们不仅满足了大众对文学作品的需求，更通过文学的感染力和思想的启迪，为新文化的传播作出了重要贡献。

二、传播手段分析：地方化与大众化的结合

1. 白话文的使用

《洓源新刊》第二期头版第一条明确声明："本刊是吾校同学及教职员共同研究学术、自由发表思想言论的一种刊物。凡在本校毕业的同学和本校前任教职员若有以著作见赐的，只要不悖本刊的宗旨，文言白话一律欢迎。"❶这种兼容并包的态度，一方面反映了报纸对多元表达的尊重，另一方面也体现了五四时期新文化运动的语言转型特征。

---

❶ 滕天宇，滕长富. 山东新文化运动马前卒《洓源新刊》［N］. 人民政协报，2022-05-09.

　　《泺源新刊》这一决定打破了当时中国文学和出版界长期以来的文言文传统束缚，为刊物的传播和思想启蒙开辟了崭新的天地。白话文的使用不仅符合当时五四运动所倡导的文学革新要求，使《泺源新刊》在传播思想的过程中变得更加接地气，打破了语言上的壁垒，使其更贴近普通读者，降低了思想传播的门槛。

　　在清朝末期及民国初期，文言文依然是知识分子和上层社会的主要书面交流工具。虽然有少数倡导白话文的人士在推动语言变革，但文言文仍牢牢占据着主导地位。尤其在学术、政治和文学等领域，文言文被视为标准和权威的语言形式。这种状况使很多普通民众，尤其是那些未受过良好教育的人群，无法参与到当时的文化和社会讨论中。普通百姓很难接触到那些重要的社会理论、政治理念和文化信息，文化的传播主要限于少数的知识分子群体。白话文的推广，尤其是在《泺源新刊》上的应用，正是对这一现象的有力回应。

　　《泺源新刊》的摇篮——山东省立第一师范学校，而作为该校的校长，山东近代著名的教育家王祝晨，一直积极向学生宣传白话文，是山东推行白话文教育的第一人。王祝晨在第一堂白话文课上明确宣称："白话文并不是大白话，而是现今最进步的文学语言。"❶正如他自己所说的那样："这是山东教育史上的第一节白话课，希望你们能记住这有重大纪念意义的第一课。白话文教学从今日开始了！"❷王祝晨还是第一位在山东中小学中废除"经学"课的人，这在当时引起了不小的轰

---

❶ 罗家伦. 驳胡先骕君的中国文学改良论［J］. 新潮, 1919（5）：5.

❷ 马德坤. 王祝晨教育思想研究［D］. 济南：山东大学硕士学位论文, 2007.

动。王祝晨在学校改革的过程中充分认识到白话文的重要性，提倡并运用白话文。他主张用简单易懂的白话文教学，用白话文和标点符号印刷教材与刊物，让学生在各个方面都能接触到白话文。之后他编写的《文学评论》是山东最早的白话文本，这在当时具有很大的意义，影响了当时学生的思想和观念。王祝晨在教育界提倡白话文的影响是不言而喻的，他的这种行为更新了学生的观念，更新了他们的知识网络，使学生更好地投入近代革命的洪流中。

白话文的使用让《洙源新刊》打破了文言文的桎梏，扩大了其受众群体。与传统的文言文相比，白话文更简洁明了，语法结构也更符合现代汉语的口语表达习惯。即便是文化程度不高的普通人，也能够相对轻松地理解和接受刊物中的内容。尤其是在五四运动的背景下，思想启蒙和文化革新成为社会变革的核心议题。许多知识分子认为，语言的革新是推动社会变革和思想觉醒的第一步，而《洙源新刊》正是顺应这一时代潮流，将白话文作为表达思想和传播文化的工具。

更重要的是，白话文的应用不仅使刊物的内容更加易懂，还降低了思想传播的门槛。在五四运动的推动下，广泛传播新文化、新思想成为当时知识分子和文化界的共同目标。白话文作为普及现代思想的重要工具，其简洁直接的表达方式，使复杂的社会问题、政治思想及科学民主的理念能够快速而广泛地传播到普通民众中。例如，《洙源新刊》中的许多文章，以白话文的形式介绍了民主、科学、社会改革等新思想，让那些未曾接触过西方先进思想的人，能够更容易地理解这些理念。通过这种方式，刊物不仅向知识分子传递新思想，也为普通人提供了思考社会变革的机会。

同时，《洙源新刊》的白话文也符合了五四运动对文学革新的要求。五四运动提出"文学为人民"的口号，强调文学要服务于社会、服务于大众，而白话文恰恰是这种文学观念的直接体现形式。五四运动时期，许多文学家和知识分子都意识到，旧有的文言文已经无法适应新时代的需求，必须推行白话文才能真正做到让文学走向社会、走向民众。通过采用白话文，《泺源新刊》不仅推动了新文化思想的传播，也参与了新文学的推广，为文学的社会功能发挥和文学的普及提供了支持。

此外，《泺源新刊》采用白话文编排，增强了刊物的时代感和现代性。当时中国社会正面临着从封建社会向现代社会过渡的历史变革，而语言作为文化的载体，反映了一个社会的现代化进程。通过采用白话文，《泺源新刊》使其自身的形式与内容都显得更加现代化，符合时代的发展需求。白话文不仅是一种语言形式的改变，它背后还蕴含着对现代社会、现代文化和现代生活的向往。《泺源新刊》中的白话文，体现了刊物对于社会变革的认同和对现代思想的推崇。

通过使用白话文，《泺源新刊》不仅扩大了传播范围，也加深了思想的普及性。它让那些原本无法接触到先进思想的普通民众，得以通过易于理解的语言接触到新文化的核心理念，从而促进了社会思想的变革和文化的觉醒。同时，白话文的使用也标志着文化与社会的深刻变革，它让文学与思想真正走向社会、走向民众，推动了中国从传统向现代的转型。

综上所述，《泺源新刊》采用白话文编排和写作，不仅符合五四运动的文学革新要求，也为思想的广泛传播打下了坚实的基础。白话文的使用，降低了思想传播的门槛，拓宽了刊物的受众范围，使更多的普通百姓能够参与到社会变革和文化启蒙的浪潮中。这种语言的创新，使得《泺源新刊》在思想传播上具有了更强的普适性和时代感，也为中国现代文化的传播和发展作出了积极贡献。

 2. 地方化的内容选择

 《泺源新刊》不仅是一份思想启蒙和文化传播的刊物，它的内容深刻地反映了济南地区的社会、文化和教育等多个领域，具有鲜明的地方特色。通过聚焦济南乃至山东地区的民生问题、社会矛盾和文化现象，该刊在传播新思想的同时，也极大地增强了与地方民众的联系，成了他们了解社会动态和文化变革的重要渠道。

 《泺源新刊》关注并深刻反映了济南及周边地区的民生问题。济南作为山东省的省会，其民众的生活困境与社会问题是《泺源新刊》报道的重点之一。该刊通过生动的文字描述，揭示了济南地区在当时经济、社会转型时期所面临的一系列挑战和问题。例如，刊物中多次刊登有关灾民困境的报道，生动呈现了自然灾害带给普通百姓的痛苦与无助。文章通过详细描述灾民的悲惨生活状况，唤起了社会各界对底层民众困境的关注与同情。这种聚焦民生问题的内容，使《泺源新刊》不仅成为一个知识分子交流思想的平台，也成为普通百姓反映社会问题、讨论民生的一个重要窗口。

 《泺源新刊》的地方化的内容不仅限于民生问题的报道，它还深刻反映了济南及山东地区的文化现象与教育状况。在文化方面，刊物关注本地文化的振兴与现代化，推动了地方文化的更新与创新。在这一过程中，刊物积极支持新文学、现代教育等新兴文化形式，为济南的文化发展注入了活力。刊物持续关注济南及山东地区的教育改革与发展，尤其是新式教育在地方的普及。通过讨论教育的公平性、教育资源的配置，以及如何实现教育的现代化，《泺源新刊》为济南地区的教育变革提供了理论支持和社会引导。该刊推动了本地读者对科学教育、民主思想的认同，并提倡通过教育来提升社会的整体素质。这些议题在当时的济南社会中产生了深远影响，尤其是在青年学生和知识分子群体中，激发了他们对教育改革的关注度与参与热情。

地方化的内容使《泺源新刊》在济南地区具有了特别的吸引力。它不仅是本地知识分子和文化精英交流思想的平台，也是普通民众了解社会动态、关注地方问题的重要渠道。通过聚焦济南的民生困境、农业问题及文化教育等方面，刊物有效地缩短了知识分子与普通百姓之间的距离，使它的思想传播不再局限于理论层面的讨论，而是与济南及其周边地区民众的日常生活息息相关。这样，刊物的内容不仅具有思想性和理论性，也具备了深厚的社会关怀与人文关怀，真正成为济南民众的文化和思想的引导者。

总之，《泺源新刊》通过其地方化的内容，不仅为济南及山东地区的民众提供了关注社会变革的视角，也为他们了解文化发展、教育改革及社会问题的解决提供了重要信息。地方特色的报道和关注，使刊物在传播思想的同时，成了济南社会变革和文化现代化的重要推动力量，强化了它作为济南民众了解社会动态和文化变革的关键渠道的地位。

3. 青年群体的定位

《泺源新刊》创立于山东省立第一师范学校。自创刊以来，这份刊物便聚焦了青年学生和知识分子这两个主要读者群体。这一群体不仅是新思想和文化革新的积极接受者，更是社会变革的重要推动力。《泺源新刊》凭借其紧贴时代脉搏的内容，以个性解放、教育改革和社会问题等青年关心的主题为切入点，吸引了大量受过较高教育的读者群体，尤其是在五四运动的背景下，刊物成为青年群体了解新思想、探索社会变革的重要平台。刊物不仅为青年提供了思想启蒙的素材，也激励他们将这些新思想转化为实际行动，进一步扩大了《泺源新刊》的社会影响力。

青年学生群体是《泺源新刊》最为重要的读者基础之一。在五四运动的热潮中，青年学生处于社会变革的前沿，是新文化思想的积极传播者与实践者。通过《泺源新刊》，他们能够深入了解当时社会中关于个性解放、民主与科学、教育改革等方面的最新思想。作为五四运动中一个极为重要的主题，个性解放在《泺源新刊》中得到了充分的讨论。刊物通过发表关于个人自由、思想解放、性别平等的文章，激发了青年学生对传统束缚的反思和对自我价值的探索。这种思想启蒙不仅帮助青年学生树立了现代化的世界观，还鼓励他们在社会变革中争取属于自己的话语权和自由空间。

除了个性解放，教育改革是《泺源新刊》另一个重点讨论的话题。正如当时的社会背景所要求的，教育改革不仅是提升国家文化水平的必经之路，也是社会进步的重要保障。该刊通过探讨教育体制的改革和现代教育理念，尤其是如何改变传统的封建化教育，使其更加科学化和民主化，为青年学生提供了一个对教育现状进行批判和反思的平台。《泺源新刊》发布的诸多关于教育改革的文章，既有对当时教育体系的批评，也有对未来教育理念的展望，激励青年学生勇于思考教育与社会的关系，并在日后的社会实践中发挥出积极作用。

在社会问题的讨论方面，《泺源新刊》同样关注青年群体的需求，探讨了贫困、性别平等、社会不公等社会热点话题。这些问题直接影响着青年学生的生活与成长，刊物通过对这些问题的深入分析，帮助读者认识社会问题的复杂性及其根源，为青年提供了更为广阔的视野，使他们能够更全面地理解社会变革的必要性。《泺源新刊》通过批判封建礼教和传统道德规范，提倡民主、科学和理性，进一步激发了青年对社会改革的热情，推动他们在各自的岗位上为社会变革贡献力量。

青年学生群体作为思想传播的主力军，借助《泺源新刊》不仅接触到了新思想，而且还通过自己的实际行动将这些思想传递给更广泛的群体。通过刊物的影响力，许多青年学生意识到，个人的解放与社会的进步息息相关，思想的觉醒与社会改革不可分割。许多受过《泺源新刊》启发的青年，积极参与到社会运动和公共事务中，将新文化运动的理念转化为推动社会变革的力量。他们不仅在学校内外组织各种文化活动，还通过参与社会实践，推动了地方乃至全国范围内的社会改革。

这种思想的转化与实践，进一步扩大了《泺源新刊》的社会影响力。由于刊物的内容紧密结合当时青年的实际需求和关注点，它激发了青年群体的社会责任感和历史使命感。许多青年学子在刊物的启发下，开始关注社会问题，并为社会的进步贡献自己的力量。正是这些青年学生在思想层面的觉醒和行动上的努力，推动了社会的现代化和思想的解放，同时也使《泺源新刊》在思想启蒙和文化革新中扮演了不可或缺的角色。

此外，《泺源新刊》的另一个重要读者群体是知识分子。作为社会文化的中坚力量，知识分子在思想文化的传承与创新中起到了至关重要的作用。该刊的内容充实且具有深度，涉及了多方面的社会问题和文化理论，满足了知识分子对新思想的需求。通过参与《泺源新刊》的讨论，知识分子不仅能够关注社会变革和文化革新，还能在更广泛的文化语境中表达自己的见解。知识分子群体的参与，使《泺源新刊》不仅成为青年学生的思想平台，还成为思想精英们探讨文化、政治和社会变革的重要阵地。

总之，《洺源新刊》通过聚焦青年学生和知识分子群体的需求，充分展现了其在思想传播和社会变革中的独特作用。它不仅通过关注个性解放、教育改革和社会问题等话题，吸引了大量教育程度较高的读者，还为青年学生提供了一个思想启蒙与社会实践的平台。青年群体借助刊物的影响，将新思想转化为实际行动，推动了社会变革的进程，进一步扩大了《洺源新刊》的社会影响力，成为五四新文化运动的重要组成部分。

4. 定期出版与交流平台

《洺源新刊》采取定期出版的形式，通过固定的传播节奏保持与读者的紧密联系。在《洺源新刊》第二期启示三中表明："本刊每周出版二次，逢星期三、星期六出版……"

《洺源新刊》一直采取定期出版的形式，创立之初是半周刊，直到31期之后停刊改版，后改为周刊。刊物通过固定的传播节奏与读者保持了紧密的联系。这一出版方式不仅保证了刊物的持续性和稳定性，还使其能够在不断变化的社会环境中，及时反映和跟进当时的社会动态与思想潮流。定期出版的形式让《洺源新刊》在思想传播上形成了持续的、系统的影响力，能够在一定时期内为读者提供稳定的思想资源，从而更好地引导和激发社会各界，尤其是青年群体和地方知识分子的思想活跃与创新。

作为一本地方性的刊物，《洺源新刊》通过定期出版，成功地建立了与读者之间的长期联系与互动，使它不仅是一个简单的信息载体，更是一个思想交流的平台。固定的出版周期使刊物的每一期都能与读者持续地产生对话，特别是在五四新文化运动的大背景下，思想的传播和讨论显得尤为重要。在那个时代，社会的各个方面都在发生深刻变革，尤其是政治、文化、教育等领域。刊物通过定期出版，不断回应社会热点问题，并将这些问题纳入讨论之中，让地方知识分子和青年群体能够在第一时间看到相关的思想探索与社会评论。

此外，定期出版的形式也使《洰源新刊》成为地方知识分子和青年群体进行思想交流的重要平台。在刊物的编辑方针和内容安排上，它不仅关注国内外社会政治动态，还积极传播新的思想观念。尤其是在个性解放、民主与科学的宣传上，刊物通过一系列有深度的文章，帮助地方知识分子和青年群体厘清思路，激发了他们的思想火花。许多具有进步性和改革性的思想通过《洰源新刊》得到传播，并在济南及周边地区引发广泛讨论。例如，刊物经常发表有关社会制度、政治体制改革、女性解放等方面的议题，推动了关于社会进步的深入对话和思想碰撞。这些议题不仅为知识分子提供了理论讨论的空间，也为青年学生提供了思考社会问题、参与社会改革的启发。

同时，《洰源新刊》还为地方知识分子和青年群体提供了一个表达自己观点和立场的开放平台。通过该刊，许多青年知识分子和社会活动家能够发表自己的见解、表达自己的观点，从而促进了思想的多元化和自由交流。通过这种思想的交流和碰撞，该刊不仅为地方文化的发展注入了活力，也为社会改革提供了智力支持。在这个过程中，《洰源新刊》不仅扮演了信息传播者的角色，还是一个思想引领者和舆论推动者，它为本地的知识分子和青年群体架起了一座通向更广阔思想领域的桥梁。

《洰源新刊》定期出版的形式，还使其能够有效地形成长期的思想积累和文化积淀。刊物每一期的出版都承载着不同的思想成果和社会观点，这些内容逐步积累，形成了一个独特的思想库。对于地方知识分子而言，这样的定期出版不仅是一个思维碰撞的平台，也是一个思想传承的载体。它让社会的变革思潮得以持续并深入人心，推动了地方文化的现代化，尤其是在五四运动后，现代化的思想通过《洑源新刊》得到了更广泛的传播。

通过这些定期出版的努力，《洑源新刊》逐渐成为地方文化的重要组成部分，不仅传播了前沿的社会与政治思想，还为地方的社会改革提供了智力支持和思想资源。《洑源新刊》通过与读者的持续互动，构建了一个以思想交流为核心的文化平台。在这个平台上，知识分子和青年群体通过对话、讨论、争论和共识，推动了当地文化和社会思想的进步，使刊物成为了社会变革的见证者和推动者。

总之，《洑源新刊》通过定期出版，成功地建立了一个与读者紧密联系的思想传播体系。它不仅成为地方知识分子和青年群体进行思想交流的重要平台，也成为社会进步和文化革新的有力推动者。该刊通过持续的思想传播和文化讨论，扩大了对社会变革的影响力，推动了地方社会的思想解放和文化现代化，成为五四新文化运动中一个不可忽视的文化载体。

三、社会影响分析：从思想启蒙到行动推动

1. 思想启蒙与民众觉醒

《洑源新刊》通过宣传新思想，打破了封建礼教的束缚，使读者认识到社会问题的根源。它帮助普通民众了解民主、自由和平等的价值观，为社会变革奠定了思想基础。

许多青年读者在刊物的影响下，开始参与五四运动后的社会实践，为革命和改革贡献力量。

2. 推动地方教育与文化发展

刊物对现代教育的重视，引发了地方教育界对教学方法和课程设置的深刻反思。它宣传科学教育的重要性，推动了济南地区教育的现代化进程。

在文化领域，刊物为新文学提供了实践平台，培养了一批新文学创作者，促进了地方文化的繁荣。

3. 对革命运动的支持

《泺源新刊》为马克思主义在济南的传播提供了重要载体。它宣传社会公平与正义的思想，吸引了如邓恩铭、王尽美等革命家的关注并参与其中。

通过批判旧制度和呼吁社会变革，刊物为济南乃至山东地区的革命运动创造了思想土壤。

4. 加强全国性文化联系

尽管《泺源新刊》具有鲜明的地方特色，但它也与全国性的新文化运动保持着紧密联系。例如，它与北京和上海的先进刊物互动，借鉴了许多进步思想。

这种地方与全国的双向互动，使济南在新文化运动中占据了重要位置。

四、局限性与发展空间

尽管《泺源新刊》在传播新思想和推动社会变革方面取得了显著成就，但它的历史作用和影响力也并非没有局限性。正如所有历史现象一样，任何一项伟大的文化尝试或社会变革都无法避免其局限，而《泺源新刊》也面临着一些现实的困境与挑战。具体来说，这些局限性主要体现在以下几个方面：受众范围的有限性、经济与政治环境的制约，以及其持续性面临的挑战。

1. 受众范围有限

《泺源新刊》作为一本旨在传播新文化、新思想的地方性刊物，尽管在济南及其周边地区的知识分子和青年学生中产生了较为深远的影响，但其受众群体的局限性仍无法忽视。20世纪初，特别是五四运动时期，中国的文化普及程度和教育水平依然处于相对低下的状态。尽管新文化思想如火如荼地传播开来，但这一波思想浪潮并未触及普通劳动阶层的大多数人。

首先，受教育程度较低的普通百姓并不能充分参与这场思想启蒙的浪潮中。在清朝末期，尤其是辛亥革命后，尽管民众的思想意识逐渐觉醒，现代教育的普及也开始推进，但中国整体的教育水平仍处于较为薄弱的状态。特别是在农村和边远地区，普通劳动人民仍然缺乏受教育的机会。即使是济南这样的城市，其文化普及和教育基础也主要局限于城市的上层知识分子与部分中产阶级，广大农民和工人阶层尚未成为思想传播的主体。《泺源新刊》虽然在学术界和知识分子中产生了较大的反响，但对于普通工农群众的影响十分有限。

其次，刊物的传播形式和内容大多数集中于学术讨论和时政评论，关注的议题往往涉及科学、民主、文化启蒙等抽象理论内容，尽管内容多采用白话文，也通过小说、诗歌等文学形式表达理念，但这些议题能在当时的知识分子中引起共鸣，对于没有接受过较高教育的普通百姓来说，理解这些内容还是有一定的难度。这使《泺源新刊》的受众群体多集中在具有较高文化素养的群体，普及面相对较窄。因此，尽管《泺源新刊》推动了现代思想的传播，但其影响力的扩展并未完全覆盖到社会的底层和广大民众。

2. 经济与政治环境的制约

《泺源新刊》创刊于20世纪初期，正是中国社会剧变的时代。政治动荡、经济基础较为薄弱，以及社会制度的逐步瓦解，使济南的文化出版事业面临诸多现实挑战。

首先，济南的经济基础相对较为薄弱，工业化和城市化程度远低于当时的上海、北京等大城市。这种经济上的制约使刊物的资金来源和运营面临巨大挑战。尽管《泺源新刊》在创刊初期能够依靠一些文化精英和知识分子的支持，但其长期的资金保障问题始终未能得到有效解决。

作为一本地方性刊物，《泺源新刊》没有足够的资本去拓展发行渠道，也缺乏足够的经济基础去聘请大量的编辑人员或进行广泛的印刷和推广。刊物的出版多依赖地方的文化圈层及少数赞助者的支持，尽管如此，《泺源新刊》仍未能获得足够的资金和资源来扩大其影响力，无法像一些大城市的刊物那样迅速覆盖全国范围。这使它的影响力在全国范围内仍然显得有限。相较于其他地方刊物，济南的经济条件和文化资源的不足，导致《泺源新刊》在运营上受到很大的限制。

其次，政治环境的高压和言论审查也制约了刊物的内容的创作与传播。虽然《泺源新刊》所倡导的思想大多是积极向上的，但在当时的政治背景下，刊物仍然必须在内容的批判性和敏感性上保持谨慎。在民国初期，尽管经历了辛亥革命的政治变革，传媒界依然面临着来自各种势力的压力，尤其是对于社会舆论的管控非常严格。许多刊物和思想家虽然致力于推动新文化和现代思想，但不得不在政治高压下进行自我审查，避免触碰到过于敏感的政治议题。《泺源新刊》在宣传科学与民主、批判封建文化的同时，也不得不考虑到当时的政治气候，这使其对

时政的批判力度和思想深度受到一定的制约。尽管刊物在推动新文化和
现代思想上发挥了重要作用，但其批判封建思想的深度和对社会矛盾的
揭示，往往没有能够达到更深的层面。

3. 持续性面临挑战

《泺源新刊》在创刊初期，依托新文化运动的兴起，吸引了大量有
志之士参与其中，刊物的影响力也一度达到高峰。然而，随着五四运动
的高潮逐渐退去，尤其是在地方政治环境和文化氛围发生变化的背景
下，《泺源新刊》也逐渐面临着持续发展的问题。五四运动的高潮虽
然为刊物的成功创办提供了思想和社会支持，但随着社会政治形势的变
化，新文化的浪潮逐渐平息，《泺源新刊》的影响力也逐渐减弱。

首先，五四运动随着社会形势的变化逐渐趋于平稳，社会思想的激
进性逐渐减弱。随着新的思想和社会运动的兴起，刊物在对现代化思想
的推崇上逐渐面临了新的挑战。尤其是随着社会政治环境的变化，地方
的知识分子和文化活动逐渐受到抑制，许多早期支持《泺源新刊》的力
量开始分散，刊物面临着人力、物力和资金上的压力。

其次，《泺源新刊》的持续性还受限于地方政治氛围的变化。在
五四运动后，民国政府虽然提出了一些文化改革的政策，但随着政治的
逐渐腐化，地方的文化活动逐渐受到制约。济南的社会环境与上海、北
京等大城市的激烈文化碰撞相比，显得更加封闭与保守。这使《泺源新
刊》在后期难以维持创刊初期的活力，尤其是在政治环境不稳定、经济
基础薄弱的情况下，刊物逐渐失去了早期的支持力量。

此外，随着社会变革的深入，新的思想阵地不断涌现，许多新的刊
物和文化团体不断涌现出来，竞争日益激烈。在这种情况下，《泺源新
刊》未能及时进行内容创新和形式上的突破，导致它逐渐失去了对知识

分子和文化界的吸引力。这一系列的因素使《溹源新刊》在后期面临了很大的生存压力，逐渐从公众视野中消失。

综上所述，《溹源新刊》作为五四新文化运动在地方传播的代表之一，其对中国现代思想和文化的传播起到了重要作用。它不仅为济南乃至山东地区的思想启蒙提供了一个重要平台，也为中国社会的现代化和文化变革提供了宝贵的历史经验。然而，任何历史现象都具有其局限性，《溹源新刊》也不例外。其受众范围的有限性、经济与政治环境的制约，以及持续性面临的挑战，都在不同程度上影响了它的长期发展和影响力。尽管如此，《溹源新刊》的历史价值依然不可小觑，它为中国出版史提供了宝贵的经验，展示了文化传播与思想启蒙在社会变革中的巨大力量。

第三节 结语

　　《泺源新刊》作为20世纪初济南地区的重要文化刊物，凭借其独特的思想视角和传播手段，在中国近代出版史上占据了重要的位置。作为五四新文化运动的地方传播载体，它不仅推动了济南乃至山东地区的思想启蒙，还为中国社会的文化变革和现代化进程提供了有力的支持。通过宣传科学与民主、关注民生问题、推动教育改革和扶植新文学，《泺源新刊》为地方文化的现代化注入了强大的动力，在思想启蒙和社会变革中发挥了不可或缺的作用。尽管它存在一定的局限性，但它对时代的影响深远而深刻，至今仍是中国近代出版史中的一块重要基石。

　　在中国近代出版史的发展过程中，《泺源新刊》的地位显得尤为突出。20世纪初，随着民众教育水平的提高和新文化运动的兴起，中国的出版业经历了从传统到现代的转型。出版物作为文化传播的主要工具，成了社会变革的重要媒介。《泺源新刊》的创办，正是在这一历史背景下应运而生的。它不仅代表了济南乃至山东地区知识分子对社会变革的深切关注和呼唤，也标志着地方性文化刊物在中国出版史上的崭露头角。通过刊物的广泛传播，《泺源新刊》把现代科学与民主思想引入地方文化，批判封建文化，推动社会思想的转型。这一过程，是中国出版史上向现代化迈进的重要篇章。

运用传播学的两步流理论，我们可以更深入地理解《泺源新刊》在思想传播过程中的作用。两步流理论指出，信息在传播过程中通常先通过大众媒体传播到意见领袖，然后由意见领袖传递给广泛的公众。对于《泺源新刊》而言，济南的知识分子群体扮演了意见领袖的角色。通过这份刊物，科学与民主的思想首先在济南的文化精英中传播。山东省立第一师范学校的学生通过这本刊物接触到新思想，然后再通过他们的教育实践，将这些思想扩散到更广泛的社会层面。刊物上的许多文章成为思想传播的起点，它不仅影响了当时济南的知识阶层，也通过这些知识分子的传播，逐步将新文化的核心理念——科学、民主与平等，传播至更为广泛的群体。这一传播链条的形成，展示了地方文化刊物在现代化思想普及中的核心作用。

《泺源新刊》对新文学和教育改革的支持，使其在中国近代出版史上具有鲜明的特色。新文学的兴起和教育改革的推进，标志着中国社会向现代化迈进的一个重要阶段。《泺源新刊》通过其刊物内容，积极推动新文学的发展，为当时的文学创作提供了展示的平台，也为济南及山东地区的文学氛围注入了活力。通过刊物的传播，许多新文学的代表作品与理论得以在地方层面广泛传播，帮助民众和知识分子重新审视传统文化，拥抱现代文化的进步。与此同时，该刊通过大力倡导教育改革，强调科学教育的重要性，推动了当时济南地区教育制度的逐步现代化，进一步促进了社会整体文化的变革。

尽管《泺源新刊》面临诸如资源匮乏、受众有限等困境，但它依然在传播思想、推动社会变革方面发挥了巨大的作用。它不仅促进了地方社会文化的现代化，也为全国范围内的文化传播提供了重要的推动力量。《泺源新刊》展现了出版物在社会变革中的巨大力量，证明了文化传播和思想启蒙在推动社会进步中的核心作用。在五四运动中，尽管它的影响相较于北京、上海等大城市的刊物有一定的局限性，但它在地方文化、教育和知识分子的觉醒中起到了至关重要的作用。

在今天回顾这一历史时期时，《泺源新刊》依然具有深远的启示意义。它提醒我们，出版物作为文化传播的重要载体，在社会变革和思想启蒙中发挥着不可替代的作用，尤其是在社会转型和文化变革的关键时期。《泺源新刊》不仅记录了中国社会思想进步的历史，也为今天的文化传播和社会变革提供了宝贵的经验与教训。它的历史价值不仅在于其对思想启蒙的贡献，更在于它展示了文化传播在国家和社会变革中的深远影响。

综上所述，《泺源新刊》在中国近代出版史中的地位是无可替代的。它不仅是地方性文化刊物的代表，也在新文化运动和社会变革中发挥了积极作用。通过文化传播和思想启蒙，它帮助济南乃至山东地区逐步摆脱封建思想的束缚，为中国现代化提供了文化支持。从两步流理论和文化霸权理论的角度看，《泺源新刊》不仅是思想传播的媒介，也是文化变革的推手。它为中国近代出版史的发展奠定了重要基础，并为今天的社会文化变革提供了宝贵的历史经验和启示。

参考文献

［1］吕伟俊. 民国山东史[M]. 济南：山东人民出版社，1995.

［2］黄宗智. 清代的法律、社会与文化：民法的表达与实践[M]. 上海：上海古籍出版社，2001.

［3］陈锦江. 清末现代企业与官商的关系[M]. 北京：中国社会科学出版社，1997.

［4］李宏生，等. 齐鲁烽火——辛亥革命在山东[M]. 济南：山东人民出版社，2011.

［5］王恒. 王祝晨传[M]. 长春：吉林人民出版社，2004.

［6］马德坤，张晓兰. 民国山东四大教育家研究[M]. 上海：复旦大学出版社，2011.

［7］张锡勤. 儒学在中国近代的命运[M]. 北京：人民出版社，2011.

［8］黄尊严. 日本与山东问题（1914—1923）[M]. 济南：齐鲁书社，2004.

［9］安作璋. 山东通史（现代卷·下）[M]. 济南：山东人民出版社，1994.

[10] 文革红.清代前期通俗小说刊刻考论[M].南昌:江西人民出版
社,2008.

[11] 吴世灯.清代四堡书坊刻书[M].福州:福建人民出版社,2021.

[12] 毛静.藻丽嬗嬛:浒湾书坊版刻图录[M].南昌:江西高等教育出
版社,2018.

[13] 济南师范学校.王尽美遗著与研究文集[M].北京:中共党史出版
社,2009.

[14] 张志勇.师范春秋 [M].济南:齐鲁书社,2002.

[15] 马克斯韦尔·麦库姆斯.议程设置:大众媒介与舆论[M].郭镇
之,徐培喜,译.北京:北京大学出版社,2008.

[16] 沃纳·赛佛林,小詹姆斯·坦卡德.传播理论:起源、方法与应
用(第4版)[M].郭镇之,等译.北京:华夏出版社,2000.

[17] 董璐.传播学核心理论与概念[M].北京:北京大学出版社,2008.

[18] 郭庆光.传播学教程[M].北京:中国人民大学出版社,1999.

[19] 杨栋梁,等.近代以来日本对华认识及其行动选择研究[M].北
京:经济科学出版社,2015.

[20] 张秀英.山东的胡适之——王祝晨在山东新文化运动中[J].山东
青年干部管理学院学报,2001,(3):72.

[21] 邓咏秋.20世纪前半期中国出版业同业组织从传统到现代的转型
[J].出版科学,2007(3):88-90.

[22] 刘衍琴.民国时期山东报业概述[J].新闻大学,1996,(1):
40-42.

[23] 刘大可.辛亥革命与山东社会变迁研究——纪念辛亥革命100周年
[J].济南大学学报(社会科学版),2011(5):9.

[24] 瞿骏. 勾画在"地方"的五四运动[J]. 中共党史研究, 2019 (11): 109-119.

[25] 卞冬磊. 五四运动在乡村: 传播、动员与民族主义[J]. 二十一世纪(双月刊), 2019 (4): 90-102.

[26] 刘柏林. 五四运动后上海东亚同文书院学生眼中的中国. [J]. 文化发展论丛, 2018 (1): 85.

[27] 牟钧, 纪镇西. 王尽美同志与《泺源新刊》[J]. 山东图书馆学刊, 1982 (4): 52-54.

[28] 李力. "自治是生活底方法": 民国时期大学学生自治生活图景考论[J]. 清华大学教育研究, 2015, 36 (4): 118-124.

[29] 陶行知. 学生自治问题之研究[J]. 新教育, 1919, 2 (2): 193-194.

[30] 顾迎新. 20世纪30年代青岛报刊上的小说创作[J]. 芒种, 2015 (7): 79-80.

[31] 崔政韬, 付宁. 20世纪初中国报刊广告理念的演变轨迹——以英敛之时期《大公报》的广告经营为例[J]. 东南传播, 2018 (12):3.

[32] 陈晓洁. 广告学的名称辨析及其学科特性[J]. 济南大学学报(社会科学版), 2011, 21 (2): 18-21.

[33] 董爱玲, 纪桂霞. 五四时期山东报刊对齐鲁社会变迁影响研究[J]. 临沂大学学报, 2024 (3): 134-142.

[34] 滕天宇, 滕长富. 山东新文化运动马前卒《泺源新刊》[N]. 人民政协报, 2022-05-09.

[35] 王琳. 近代外国人眼中的济南城市景观研究(1840—1937)——

基于外文文献的分析[D]. 西安：陕西师范大学，2012．

[36] 李红霞. 胶东书业与民国时期的济南出版业[D]. 济南：山东大学，2012.

[37] 曲晓燕. 近代日本人游记中的山东认识（1871-1931）[D]. 济南：山东师范大学，2020.

[38] 陈秋旭. 1918年—1928年《泰东日报》宣传报道研究[D]. 长春：东北师范大学，2021.

[39] 李易. 民国《济南日报》广告研究（1925—1937）[D]. 南昌：南昌大学，2024.

[40] 马德坤. 王祝晨教育思想研究[D]. 济南：山东大学，2007.

[41] 战明. 山东省立第一师范学校文学教育与新文学[D]. 济南：山东师范大学，2016.